小学校
英語
教育概論

ポール・バテン
中住　幸治
永尾　　智
齋藤　嘉則

美巧社

ま　え　が　き

With a willingness to communicate

世の中は狭くなりつつある。つい最近までなかなか手に入らなかった情報がいろいろなアプリのおかげで無料で即時に手に入るようになった。教育現場では、従来の情報を丸暗させる教育より、判断力、思考力、表現力といった情報の活用能力のほうが重要となってきた。英語教育の分野では、従来の英語教育で重視されてきた音読や文法の知識の蓄積より、英語によるコミュニケーション能力（話す力、聞く力）や「英語で自分の考えを自ら英語で発信する力などが求められるようになった。

20年前に小学校英語教育として、特別指定学校で英語を導入する方法を探るプロジェクトが始まった。この小学校英語は2020年から正式な教科として現場に導入される。小学校3年生と4年生は外国語活動として、5年生と6年生は外国語になる。新しい教科ゆえに、課題が多々ある。2020年以前は英語は小学校の教科ではなかったため、小学校の教員で英語の免許を持っていた教員の割合は3%であった。2016年から文部科学省が「小学校英語認定法」というプロジェクトを立ち上げ、各県で各小学校に英語のリーダーとして、中心となる教員を育成し始めている。

小学校英語は「素地」と「基礎」を教える段階である。少しずつ、ゲームや活動、英語に対する気づきなどを通して、英語の単語および表現を身につけさせてゆくが、その際、特に大切なのは「音声から入る」ということである。

小学校英語教育では「慣れ親しむ」ということが一番重視されている。教員と子どもや子ども同士の英語のやり取りと活動を通して、英語でコミュニケーション能力を育成する。さらに外国人と外国の文化に触れるとともに、日本人としての身近な文化にも気づき、それを紹介できるようになることも目指している。

英語教育研究には「積極的に伝える意欲」(WTC, willingness to communicate) という分野がある。ところが日本には周りの空気を読んで自分の考えを言わずに行動をするという文化的な風土がある。しかし、子どもは好奇心旺盛で、新しいものに興味がある。これから小学校で英語の授業を受ける児童がしっかり耳から自然な英語に慣れ親しみ、楽しい活動、活発的なクラスルーム・イングリッシュおよびスモール・トークを通して、自信をもって積極的に英語に関する自分の考えを英語で発信できることを、目指してゆきたい。

そういう筆者らの思いから、この本を執筆することになった。小学校で英語を教えることになった教員がこの本を読み、児童の英語コミュニケーションの向上を目指した楽しい授業ができるようになることを願っている。

2020年(令和2年)3月
ポール・バテン

目　次

第2部　授　業　実　践

第3章　指導技術

第4章　授業づくり

第3部 授業実践に必要な英語力と知識

第5章 授業実践に必要な英語力

第６章　英語に関する背景的な知識

第 1 部

授業実践に必要な知識・理解

第 1 章

小学校外国語教育についての基本的な知識・理解

Unit 1　学習指導要領

> [目標] 小学校外国語教育の変遷、小学校の外国語活動・外国語、中・高等学校の外国語科の目標・内容について理解している。

1. 小学校外国語教育の変遷

戦後、小学校外国語教育の変遷は大きく4つの時期に区分することができる。表「小学校外国語教育導入の経緯」にその概要を簡潔にまとめた。

表：小学校外国語教育導入の経緯

<table>
<tr><th>大きく4つの時期に分類</th><th>期間</th><th>審議会との答申等</th></tr>
<tr><td>1. 研究開発校での英語教育
<英語活動></td><td>平成4（1992）
～13（2001）年</td><td rowspan="4">・外国語教育の改善に関する調査研究協力者会議（平成5年）
・『英語が使える日本人』育成のための戦略構想（平成14年）
・教育再生実行会議（第3次提言）（平成25年）
・グローバル化に対応した英語教育改革実施計画（平成25年）
・英語教育の在り方に関する有識者会議提言（平成26年）
・中教審次期学習指導要領答申（平成28年）
・改訂学習指導要領告示（平成29年）
・「小学校外国語活動・外国語　研修ガイドブック」（以後、「研修ガイドブック」という）（平成29年）</td></tr>
<tr><td>2.「総合的な学習の時間」の中での英語教育
<英語活動></td><td>平成14（2002）
～22（2010）年</td></tr>
<tr><td>3. 英語教育必修化
<外国語活動></td><td>平成23（2011）
～31（2019）年</td></tr>
<tr><td>4. 英語教育教科化
<外国語活動・外国語科></td><td>令和2（2020）年
～</td></tr>
</table>

第1期は、平成4年（1992）に大阪市立小学校2校と中学校1校が文部省（当時）の研究開発学校の指定を受け、「国際理解教育の一環としての英語教育の研究」がスタートした。以後、研究開発校の指定が拡大され、小学校英語教育の進め方、在り方を現場を中心に研究と模索が続いた。

第2期は、平成10年（1998）告示の学習指導要領（以後、「CS」という）により、各学校は、「総合的な学習の時間」の枠において、学校の独自の判断により、「国際理解に関する学習の一環としての外国語会話等」を実施することができることとなった。学校により内容や方法が様々であったことから、結果的に、教育の機会均等の確保や中学校との円滑な接続等の観点から課題が指摘されるようになる。

第3期は、「必修化」の時代である。前述の課題から国として各学校において共通に指導する内容を示すことが必要とされ、平成20年（2008）告示の小学校のCSにより、5・6年生で週1時間の外国語活動が新設され必修化された。「教科」ではなく「領域」としての位置付けとなった。

第4期は、「早期化」と「教科化」の時代である。平成25年5月の教育再生実行会議（第3次提言）において、「小学校の英語学習の抜本的拡充、実施学年の早期化、教科化、指導時間増」などが盛り込まれた。同年12月には「グローバル化に対応した英語教育改革実施計画」が公表され、「小学校3・4年生では活動型で週1～2時間、5・6年生では教科型で週3時間程度」という計画が提案された。しかし、授業時数の確保については現場から疑問があがった。

文部科学省は平成26年2月に、「英語教育の在り方に関する有識者会議」を設置し、同会議は同年9月には、「今後の英語教育の改善・充実方策において：グローバル化に対応した英語教育改革5つの提言」として、その議論をまとめた。同年11月、文部科学大臣から中央教育審議会への諮問があり、平成28年（2016）12月21日に「答申」が取りまとめられた。

答申では、中学年から「聞くこと」「話すこと」を中心とした外国語活動を通じて外国語に慣れ親しみ外国語学習への動機づけを高めた上で、高学年から発達段階に応じて段階的に文字を「読むこと」及び「書くこと」を加えて総合的・系統的に扱う教科学習を行うとともに、中学校への接続を図ることを重視することが求められた。時間数は、中学年週1時間、高学年週2時間（モジュールを含む）とした。

2. CSの基本概念の理解―コミュニケーション能力と言語活動―

外国語科のCSを理解するには、その基礎概念である、「コミュニケーション能力」と「言語活動」の理解は欠かせない。ここでは、この2つの内容を確認したい。

(1) コミュニケーション能力

小学校5、6年生で行われていた「外国語活動」が3、4年生で行われるよう「早期化」され、また、5、6年生では「外国語科」として「教科化」された。文部科学省は英語教育の改善と充実に余念がない。ともに「コミュニケーション能力」の育成が謳われている。

平成元年のCSに「コミュニケーション」というカタカタ語がCSに初めて登場した。CSは学校教育法施行規則の一部であり、所謂、教育法規、法令である。法規、法令にはカタカナ語は通常使用しないこととなっていたが、この時以来CSには「コミュニケーション」という語が使用されることとなる。

「コミュニケーション」をCSに書き込んだのは、当時の文部省外国語担当教科調査官であった和田稔氏の手による。和田稔氏は教科調査官としてこの「コミュニケーション能力」(communicative competence)について、当時、文部省で定期的に行われていた全国の外国語担当指導主事を集めての説明会などで説明している。この「コミュニケーション能力」は、文法能力／談話能力／社会言語学的能力／方略的能力の総称して考えられている。

(1) 文法能力(grammatical competence)は、すなわち音声・単語・文法の能力のことであり、1文レベルであれば正しい意味の通じる文を作って言える能力である。

(2) 談話的能力(discourse competence)は、1文以上をつなげて意味のある談話のまとまりを作る能力である。

(3) 社会言語学的能力(sociolinguistic competence)は、社会的に「適切な」言語を使う能力で、日本語では目上の人を呼び捨てにしてはいけないという社会的に適切な言語を使う能力である。

(4) 方略的能力(strategic competence)は、何か問題がおこったとき、うまく処理する能力である。会話の途中で次のことばが出て来ないときに、“Well ... umm ...”などと言って時間をかせいだり、ある単語が思いつかないときに別の単語で言いかえることができる能力である。

以上がコミュニケーション能力を構成するそれぞれの能力の概要である。次に、具体の指導法が、コミュニケーション能力を育てるために、教室内での英語学習をどのように展開することが必要であるか、との議論に発展する。その考え方のひとつとして、CSでは、「言語活動」を日常的に授業の中で行うことで、その行き着く先として「コミュニケーション能力」を育成することができる、との考え方が示されていたのである。

(2)「言語活動」とは？

この「言語活動」という用語についても平成20年の中学校のCS及び解説をよくよく読むと二種類の言語活動があることがわかる。CSの中心概念は「言語活動」と「コミュニケーション能力」である。前述の通り、授業で日常的に「言語活動」を行うことで、その先に、「コミュニケーション能力」を育成することができる、という考え方である。

さらに、今回のCSの改訂前に「英語教育改善計画」が文部科学省から発表されたが、その文面やポンチ絵を確認すると「言語活動を高度化」という文言が目にとまる。「言語活動」を「高度化」するとはいかなることであるか。それに向けて、小学校の外国語活動、外国語科、中学校、高等学校の外国語科で授業改善の対象は何か、何を改善することが求められているのか、ということを明確にして現場の教員が明示的に認識していることが必要である。

今回の改訂で、小学校外国語科活動が早期化され外国語科として教科化されるに及んで、大学入学前の英語教育全体の見直し、体系化、充実化が可能となりまた必要となっている。その際に、小学校、中学校、高等学校の全体を貫くコンセプトが、やはり「コミュニケーション能力」であり「言語活動」と考えることができるのである。「コミュニケーション能力」については、前項で整理確認したが、この項では、「言語活動」について確認、整理したい。

まことに古い文献にはなるが、伊藤健三氏(1983)は、このことについて次のように述べている。

> そこで、学習対象としての「言語活動」とは何かについて考える。それは、われわれ人間が実際の生活で行う言語の使用という行動と一見同じ様にみえるが、重要な点で違いがあることをまず明らかにしておく必要がある。実際の言語の使用というのを「言語行動」と呼び、学習の対象としての言語の使用である「言語活動」と用語を別にして、考えを述べていきたい。英語の学習の場である教室では、Classroom English という例外はあるが、「言語行動」は到底望めない。
>
> このようにやらされる「言語活動」の学習は、やがて実際の「言語行動」

の能力の育成につながるであろうということは、仮説であるが、“Learning by doing”ということからかなり説得力のある仮説であるといえよう。少なくとも、従来の「言語材料」の学習にのみ終始するよりは、「言語行動」の能力の育成により近づくことになるであろうことは、経験的に十分言えることである。その点が、“pattern practice”を偏重した指導性が批判されたところである。“pattern practice”と「言語行動」の能力の間のギャップを埋めるものが、「言語活動」の学習であって、それは、いわば、「言語行動の練習」であって「言語行動」そのものではない。学習対象の「言語活動」をこのように考えれば、「言語活動」の学習指導の道が開けてくるのではないだろうか。(出典：東京教育研究所紀要)

と説明している。また、この“pattern practice”を「学習活動」と呼び、「言語行動」につながる活動を「言語活動」と呼んでいたようである。まことに理にかなったものである。何の理にかなっているかと申せば、人がものを学び、習得する、活用するプロセス、過程にかなっているということである。新たな言語形式を繰り返し練習して理解し活用できる前段階の準備をする。そしてそれらがある程度、落ち着き、それぞれの学習者の中で整理、整頓、体系化されようとしているときに身の回りにあること、出来事をそれらの言語表現を活用して表現してみる、ということで学習した言語表現を実際の活用の用途として活用できるようにするのである。

教授法の歴史からすると、戦後一時期日本の英語教育界を席巻したOral Approach はこの「学習活動」の場面では非常に有効な教授法であったのかもしれない。しかし、それが伊藤健三氏のいう「言語行動」につながる「言語活動」にはならなかった、ということでその姿を消していくことになるが、教育現場ではOral Approachの中心的な指導法であるPattern Practiceは言語材料の習得のためにまだ多用されている。また、当時、英語教育協議会の中心にいてこのOral Approachの普及と発展に尽くした山家保氏の著作を詳細に検討してみるとそこには「言語活動」につながる活動が用意されていて機械的な反復練習のみがPattern Practiceではないのである。

3. 目標の示し方

今回の改訂により教科の目標の示し方が次のフォーマットに統一された。

> ○○な見方・考え方を働かせ、△△な活動を行うことを通して、□□の資質・能力を次のとおり育成することを目指す。
>
> (1)　知識及び技能
>
> (2)　思考力、判断力、表現力等
>
> (3)　学びに向かう力、人間性等

学校教育法に定められている学力を構成する三つの柱が、(1)から(3)に示されていて、それに先行して、「○○な見方・考え方を働かせ、・・・」という1文がある。小学校外国語科の場合には、「外国語によるコミュニケーションにおける見方・考え方を働かせ、外国語による聞くこと、読むここと、話すこと、書くことの言語活動を行うことを通して、コミュニケーションを図る基礎となる資質・能力を次のとおり育成することを目指す」とある。

このことについて解説書には、次の様に説明されている。「『外国語によるコミュニケーションにおける見方・考え方』とは、外国語によるコミュニケーションの中で、どのような視点で物事を捉え、どのような考え方で思考していくのかという、物事を捉える視点や考え方であり、『外国語で表現し伝え合うため、外国語やその背景にある文化を、社会や世界、他者との関わりに着目して捉え、コミュニケーションを行う目的や場面、状況等に応じて、情報を整理しながら考えなどを形成し、再構築すること』」であると説明されている。

国語科は言葉による見方・考え方であるが、外国語科は、コミュニケーションにおける見方・考え方とされている。前者は言葉そのものに視点がおかれている一方、外国語科は人とのコミュニケーションにその視点、重点がおかれていることに留意する必要がある。

＜課題＞

CSが求めている具体的な言語活動を構想してください。

Unit 2　主教材

[目標] 主教材の趣旨・構成・特徴について理解している。

本Unitの課題は、「教材」について、特に、主たる教材である検定教科書（以後、「教科書」という）の編修の趣旨・構成・特徴の分析と研究である。具体的な手立ては、実際に教科書教材の指導計画を立てることを通して分析と研究を進めることができるので、ここではその手順を説明する。

手元にある教科書から任意に1課（または、Unit or Program）を選択する。課全体の目標をまとめ、課を構成しているセクションごとの1単位時間の指導目標と指導過程を編成する。この場面で授業の目標をどう立てるか、目標達成のためにどのような言語活動を準備すべきかについて考えることになる。

この一連の手順を通して教科書の編修の趣旨・構成・特徴などを分析、研究することになる。その前にまず、一般的な教材研究の方法について確認したい。

1. 教科書資料の研究方法

土屋（2011）には、教科書資料の研究について次の項目をあげて具体的にその方法を説明している。それらは、（ i ）音声について、（ii）語彙について、（iii）文法について、（iv）背景的知識について、などである。

これら4点のなかで、（ i ）から（iii）の項目であげているいる内容は、音声、語彙、文法などの言語材料の教材研究であり、最後の（iv）が教科書本文で扱われている題材や内容、文化的背景などについての教材研究である。

言語材料についての研究では、本来、それぞれの言語材料のそのものの研究にとどまらず、それらを実際に指導して活用することができるようにすることを念頭において研究することが必要である。

また、題材や内容については、近年、教科書のそれらは英米の文化に関わるものばかりではない。このことから、広く歴史的、社会的、国際的な事象などについての知識を得るために、教師自身が常日頃からそれらのことに興味・関心を持ち続けることが大切となる。

2. 教科書の研究

教科書は、CSの趣旨や内容をよく調査、研究して編修されている。編修者、執筆者は、その言語観、学習観、指導観などを踏まえつつ図書編修の設計図を構想する。具体的な題材や内容を特定、検討して編修されたものである。図書の趣意書にもその一端が記載されている。

ここでは、前述の通り指導計画を立てることとして、すなわち、目標を定め指導過程を編成するという２つのタスクに虚心坦懐に取り組み、主教材の趣旨・構成・特徴について分析、研究し理解を深めることを目指す。

＜タスク１＞

教科書から任意の１課（または、Unit or Program）を選び、教材をよく読み、よく見て、題材、内容、取り扱う言語材料を念頭に当該課の考え得る指導目標を書き出す。

【研究・分析の手順】

手元にある、または数ある教科書から自分の興味、関心に沿って自由に教科書を選びその中から１課を選択する。次に、その１課は、通常、いくつかのセクションで構成されているので、選択した課全体の教材をよく読んで、よく見て、その内容を書き出す。

書き出すものは、その課で取り扱われている内容、題材と言語材料である。さらに、内容、題材と言語材料からどのような言語活動が可能か、セクションごとに考える。しかし、その際、自分の教授経験をも十分に踏まえる必要がある。このことについては後述する。

以上のことから、研究、分析の手順を箇条書きで次に詳述する。

（ｉ）小学校で実際に使用されている教科書を可能な限り多く用意して、その中から自分の興味と関心に沿った図書を選定する。

（ii）小学校の教科書は同じCSの内容を具体化した教材ではあるにもかかわらず図書によりその内容がいかに多様であるかを実感、感得する機会となる。将来、教科書研究を進める際の参考とする。

（iii）選択した教材を熟読して、自分が選択した当該課の構成、組み立てを理解、分析する。

(iv) 題材の内容を理解するとともに、その課で取り扱われる言語材料を理解、分析する。

(v) 前述の理解、分析から当該課で実践可能な言語活動をセクションごとに構想する。

(vi) 構想した言語活動からいかなる資質、能力を児童に育てることができるか、その具体像を描き出して書き出す。

(vii) 前項で描き出したものを当該教書の教材と照らし合わせ、さらに吟味、検討する。

(viii) その際、実際に授業をする児童像を想定することが必要である。しかし、教育実習を経験している場合は、自分の実習校の児童を、実習前の場合は、例えば、事前実習等での学校見学でおこなった授業観察などを参考とする。

(ix) 指導目標は、４技能５領域から教材の特質に応じて選択して設定する。

(x) 最後に、目標設定は、教材の特質、児童の実態、４技能５領域など複数の変数があることから、これらのことを考慮しながら目標を取りまとめていくことを体験する。

指導目標を定めることは、本来、ベテランの教師にとっても至難のことである。まず、ここでは指導目標をとりまとめるということが、本来、容易なことではないことを体験する。

すなわち、いざ実際に教科書を活用して児童に指導する段となってみると、その内容がいかに豊富であり、それらをどのように解釈して指導目標に繋げていくか、ということを体験するのである。

＜タスク２＞

教科書から１課を選び、タスク１に続いてその課の１セクション、45分の授業構成と各段階の時間配分を考えてみる。

【研究・分析の手順】

前段の課の「指導目標」をまとめた教科書教材を活用して45分間の単位時間の「本時の指導目標」と授業構成及び各段階の時間配分を考える。

まず、「指導目標」を踏まえつつ当該課の中からひとつのセクションを選択して考え、記述する。

今回、外国語活動が中学年で早期化、高学年で外国語科へと教科化された。外国語科と外国語活動ではその指導の在り方が少々異なる、活動から学習となった。学習であれば、中高等学校において今まで伝統的な指導法のひとつとして、PPP (Presentation-Practice-Production) がある。

ここでは、この指導過程をどのように構成するかを考える。

(ⅰ) Presentationの場面で、新出言語材料（語彙、文構造、発音など）をどのような目的や場面状況で活用するか、導入するか、これらの言語材料を使用せざるを得ない必然性のある場面を考えて設定する。

(ⅱ) 教科書教材の題材との関連で、題材と前項の場面が乖離していると新出言語材料の導入と練習の部分が題材本文の導入と脈絡がなくなり、指導の流れが内容的に途切れる危険性があることを十分に留意する。

(ⅲ) Presentationの場面で、言語材料と題材の導入について前項の留意点を踏まえつつ工夫、吟味するよう、個人で考える場面とグループでアイディアを出し合い考えていく場面を適切にバランスよく設定して実施する。

(ⅳ) Practiceの場面で、本文の理解を踏まえて活用しながら新出言語材料を練習する活動を工夫する。

(ⅴ) 最後に、前段までのPresentationとPracticeを経て、Productionの場面を考案、工夫する。この場面は単位時間の指導で中核となる言語活動である。CSの求めているのは、場面、状況を考え目的をもった必然性のある言葉のやりとりである。以上を踏まえて活動を考案、工夫して詳述する。

以上の段階を踏んで指導過程を構成、プロットを書き下していく。それぞれの段階の時間配分を考え、Presentation-Practice-Productionごとの留意点、評価の観点等を書き出す。

＜課題＞

＜タスク１＞と＜タスク２＞に実際に取り組み教科書を分析してください。

Unit 3　小・中・高等学校の連携と小学校の役割

［目標］小・中・高等学校の連携と小学校の役割について理解している。

校種間の連携を考えることは、高等学校卒業時に児童生徒が身に付けることが期待されるコミュニケーション能力の具体的な姿を描き出すために必要なことである。ここでは、その具体的な手立てについて参考になる事項を説明する。

1．小学校・中学校・高等学校の連携を考える視点と具体の手立て

校種を越えた連携を考えるにあたり、実際に校種間の情報交換が必要であるが、そのために次の５点の具体的な手立てが考えられる。

（i）学習指導要領の小学校外国語活動及び外国語科、中学校外国語科、高等学校外国語科の教科及び科目の目標を並べて比較、確認する。
（ii）前項の内容をさらに発展させ、５領域の目標を並べてどのように各目標が段階を踏んで高等学校の目標につながっているかを確認する。
（iii）近隣小学校、中学校及び高等学校で使用されている検定教科書及び年間指導計画を取り寄せ、具体的な指導目標と指導内容を確認する。
（iv）近隣の学校間で、それぞれの学校の授業を参観し合うこととともに、情報交換を行う。
（v）英語教育関連の学会に参加して、小学校、中学校及び高等学校の実践研究発表等から校種間の連携の在り方について情報を収集、考察する。

以上、少なくとも５つの内容で校種間の連携の在り方について情報収集、共通理解、実践交流などが考えられるが、それぞれの学校の置かれた環境、状況に応じて創意と工夫をすることが求められる。

2．「話すこと［やり取り］」の目標の比較、確認

学習指導要領の改訂で、４領域が５領域と改訂された。それは、「聞くこと」「読むこと」「話すこと」「書くこと」から、「話すこと」が「話すこと［やり取り］」

と「話すこと［発表］」の２領域となったことに由来する。

ここでは、小学校外国語活動及び外国語科、中学校外国語科、高等学校外国語科「英語コミュニケーションⅠ」の新しい領域、「話すこと［やり取り］」の目標を並べて比較検討したい。次の各目標を熟読願いたい。

小学校外国語活動の「話すこと［やり取り］」の目標

ア　基本的な表現を用いて挨拶、感謝、簡単な指示をしたり、それらに応じたりするようにする。

イ　自分のことや身の回りの物について、動作を交えながら、自分の考えや気持ちなどを、簡単な語句や基本的な表現を用いて伝え合うようにする。

ウ　サポートを受けて、自分や相手のこと及び身の回りの物に関する事柄について、簡単な語句や基本的な表現を用いて質問をしたり質問に答えたりするようにする。

小学校外国語科の「話すこと［やり取り］」の目標

ア　基本的な表現を用いて指示、依頼したり、それらに応じたりすることができるようにする。

イ　日常生活に関する身近で簡単な事柄について、自分の考えや気持ちなどを、簡単な語句や基本的な表現を用いて伝え合うことができるようにする。

ウ　自分や相手のこと及び身の回りの物に関する事柄について、簡単な語句や基本的な表現を用いてその場で質問をしたり質問に答えたりして、伝え合うことができるようにする。

中学校外国語科の「話すこと［やり取り］」の目標

ア　関心のある事柄について、簡単な語句や文を用いて即興的で伝え合うことができるようにする。

イ　日常的な話題について、事実や自分の考え、気持ちなどを整理し、簡単な語句や文を用いて伝えたり、相手からの質問に答えたりすることができるようにする。

ウ　社会的な話題に関して聞いたり読んだりしたことについて、考えたことや感じたりしたこと、その理由などを、簡単な語句や文を用いて述べ合うことができるようにする。

高等学校外国語科『英語コミュニケーションⅠ』の「話すこと［やり取り］」の目標

ア　日常的な話題について、使用する語句や文、対話の展開などにおいて、多くの支援を活用すれば、基本的な語句や文を用いて、情報や考え、気持ちなどを伝え合うやり取りを続けることができるようにする。

イ　社会的な話題について、使用する語句や文、対話の展開などにおいて、多くの支援を活用すれば、聞いたり読んだりしたことを基に、基本的な語句や文を用いて、情報や考え、気持ちなどを論理的に注意して伝え合うことができるようにする。

＊下線は執筆者による。

まず、この様に目標を並べて書き出してみることが必要である。虚心坦懐に、小学校外国語活動及び外国語科、中学校外国語科、高等学校外国語科の「英語コミュニケーションⅠ」の目標を読み込んで比較、確認するのである。

次に、比較、確認する視点を定めることである。ここでは、「言語材料の取扱い」と「題材及び内容」という２つの視点で比較してみる。ここでは小学校と中学校について比較、確認した。結果は次のとおりである。

表１：言語材料の取扱い

	小学校外国語活動	小学校外国語科	中学校外国語科
ア	基本的な表現	基本的な表現	簡単な語句や文
イ	簡単な語句や基本的な表現	簡単な語句や基本的な表現	簡単な語句や文
ウ	簡単な語句や基本的な表現	簡単な語句や基本的な表現	簡単な語句や文

表２：題材及び内容

	小学校外国語活動	小学校外国語科	中学校外国語科
ア	挨拶、感謝、簡単な指示	指示、依頼	関心のある事柄（即興で）
イ	自分のこと、身の回りの物、自分の考えや気持ちなど	日常生活に関する身近で簡単な事柄、自分の考えや気持ちなど	日常的な話題について、事実や自分の考えや気持ちなど
ウ	自分や相手のこと及び身の回りの物	自分や相手のこと及び身の回りの物	社会的な話題

3.「言語材料の取扱い」と「題材及び内容」

(ⅰ)「言語材料の取扱い」

表1を確認願いたい。言語材料は、小学校外国語活動及び外国語科では「簡単な語句や基本的な表現」であるのに対して、中学校外国語科は、「簡単な語句や文」なのである。Unit 24 の「第2言語習得に関する基本的な知識」で確認しているが、小学校は「理解可能なインプット」が求められているのである。ここで求められている「簡単な語句や基本的な表現」というのは具体的には、定型表現(chunk)でそれをインプットして、まず聞いて、それを目的や場面、状況に応じて活用することが求められている、と考えられる。

中学校においては、「簡単な語句や文」とあることから、文構造の学習が求められていると考えることができる。定型表現(chunk)を聞いて、話すことから、文構造の学習へ発展させ、ゆくゆくは自分の発した発話が適切か、正確かなど確認する知識を学習することが想定されているのである。

(ⅱ)話題及び題材

小学校においては、「自分や相手のこと及び身の回りの物」であるが、中学校は、「社会的な話題」となる。身の回りのことであれば、言葉そのものの意味をその場の状況や文脈から推測、理解することが可能である。「理解可能なインプット」が可能なのである。しかし、中学校においては、言語材料の項目とともに、身の回りのことだけではなく社会的な話題にその内容を発展させ表現の幅を広げることが想定され、求められているのである。

4.まとめ

前項では、小学校と中学校の内容について検討したが、高等学校の「英語コミュニケーションⅠ」では、目標の下線部、「やり取りを続ける」とか、「論理的に」とかコミュニケーションの在り方が実際の言語行動に近づけることを目指した内容となっている。言語活動の高度化である。

以上、ここで説明した内容を手がかりとして、学習指導要領に目を通し、解説を読み解いて校種間の連携についての考えを持つことが必要である。

＜課題＞　校種間の5領域の目標それぞれについて比較、確認してください。

Unit 4　児童や学校の多様性への対応

［目標］様々な指導環境に柔軟に対応するため、児童や学校の多様性への対応について、基礎的な事項を理解している。

本Unitは、表題にあるとおり児童や学校の多様性への対応について基礎的な事項を確認する。まず、学習者要因として、動機の問題、所謂、学習意欲の問題である。次に、第2言語習得研究において現在でもなお影響力があるStephen D. Krashen が提唱したナチュラル・アプローチを支える仮説のひとつ「情意フィルター仮説」についてである。最後に、小学校の段階で学習を妨げるものとなりかねない、音声と綴りの関連、関係についてまとめている。

1. ドルニェイ（1994）によるL2動機づけの枠組み

米山朝二・関昭典（訳）（2005）によると、ドルニェイのモデルは「教育的アプローチ」（educational approach）のよい例である。教室における教授・学習の観点から動機づけを捉えている。このモデルは、第2言語学習の動機づけを3つのレベルで概念的に説明しているが、ここでは、まず「言語レベル」の二つの下位システムそれぞれについて、すなわち、「統合的動機づけ」と「道具的動機づけ」の分類から、教室での指導の方向性を探りたい。「学習者レベル」と「学習場面レベル」についても、具体的な内容を取り上げて考えたい。

「統合的動機づけ」とは、学習者からみると第2言語を話している集団に対する肯定的な気持ちと、その社会や文化と交流し、さらにはその社会や文化の一員として振る舞いたいという動機づけ。

「道具的動機づけ」とは、外国語学習により、主としてよりよい仕事やより高い報酬を得ることなどの期待される実利を得たいとする動機づけ。

子どもの外国語学習に対する動機づけは、具体的には学習言語を話している国や地域、または、人や文化などに対する親近感をもつことが当該言語の学習動機を喚起して子どもが主体的、自発的、継続的に言語学習に取り組む素地を形成することができる。

しかし、それだけでは十分ではなく当該言語を学習することで何か具体的に役立つこと、実利も得ることができることも子どもに知らしめることも有効である。「総合的動機づけ」と「道具的動機づけ」双方のバランスをとった指導が求められる。

さらに、ドルニェイ（Dörnyei, 1994）は、「学習者レベル」と「学習場面レベル」の動機づけを説明している。

「学習者レベル」の動機づけで一番注目されるのが、学習者の「自信」である。例えば、「自分の話した英語が相手方に通じた」とか、「ALTの先生の話した内容が大方理解できた」とか、という達成感、そして、そこから醸成される自己効力感が「学習者レベル」の動機づけを駆動する重要な要素である。

また、たとえ英語でのやり取りがうまくいかなかった場合があったとしても、その原因を子どもが自分の能力や努力の不足に帰属させない工夫も必要なのである（原因帰属）。例えば、やり取りの内容が自分の興味・関心とはずれいて、あまり知らないものであったと、考えさせて子どもが自分の「自信」をあまり損なわないようにフォローすることも大切である。

次に、「学習場面レベル」の動機づけである。ここでは、「授業特有の動機づけ要素」「教師特有の動機づけ要素」「集団特有の動機づけ要素」の３つの要素が考えられている。

「授業特有の動機づけ要素」は、教材及び指導方法の内容に関連する動機づけである。教材やその学習課題が子どもの興味・関心を喚起するものや、指導法そのものが楽しく学ぶことができるものであることが子どもを動機づける。

「教師特有の動機づけ」では、まず教師が子どもたちそれぞれの特性をよく理解していることが大切である。そのことで子どもが教師に対して安心感を持ったり、信頼感を感じたり、親和感を抱いたりすることが動機づけにつながる。

最後に、「集団特有の動機づけ」は、集団（学級）の雰囲気である。子ども一人一人の居場所のある、安心して生活のできる学級集団であることそのものが、学習場面における動機づけとなる。

以上、ドルニェイ（Dörnyei, 1994）は、教室内での教授・学習の観点で動機づけを簡潔にまとめていて参考になる。

2. 情意フィルター仮説

この仮説は、Krashenの第二言語習得仮説のひとつである。次の図を用いて説明されている。

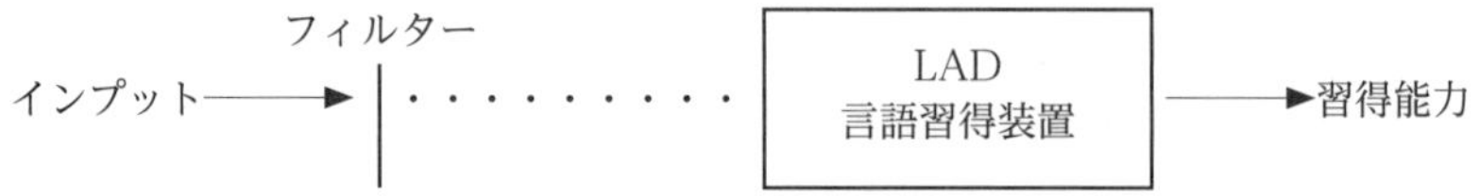

図：情意フィルター操作

情意フィルターはインプットを言語習得のために使わせない働きをする。
理想的な学習態度の者は情意フィルターが低いと仮定される。
実践的には、情意フィルターを低めるような教室とは学習者の不安感が少なく、防衛的態度がみられない学習環境のことである。

Krashenのモニターモデルの要諦は、理解可能なインプットである。インプットは学習者の心的状況に大きく依存する。例えば、教室内で指導者から問われて、その問いに答えることができない。または、答えてもその答えが間違いであったりすることや、さらに、誤りを許容しない教室の雰囲気などが、学習者の学習に対する不安を増幅させる。落ち着いて学習に取り組むことができない事態を招来させる可能性がある、というのが情意フィルター仮説である。

理想的な学習者は情意フィルターが低いことであり、指導者はフィルターを低くする工夫をすることが求められる。フィルターが低いということは、まず、自信を持って目標言語の話者と交流することができる。その交流の過程でさらに多量のインプットを受けることが可能となる。二つ目として、与えられたインプットをより敏感に受け取ることができる。そこに、言語学習には欠かせない学習言語に対する「気づき」が言語習得を進めることになるのである。

3. 学習を妨げるものへの対応

ここでは、児童の学習を妨げる4つの場面、場合について中村(2019)では、それに対する対応策をまとめている。その概要をまとめたい。

(1) 音声を聞き取ることが苦手な場合

音声を聴き取ることが苦手な学習者がいる。その場合、外国語の音声を文字で書く、リズムやイントネーションを記号や色線で示す、手拍子を打つ、音の強弱を手の上下の動きで表して指導する工夫などが考えられる。

また、音声インプットのみからでは、理解が困難な場合、異なる文法機能をもつ単語や語句（人、動作など）を色分けして提示する、さらに、授業で行う活動の流れを黒板やワークシートに記載しておくなどの工夫が考えられる

(2) 読む手がかりを把握することや、細部に注意を払うことが困難な場合

外国語の文字を提示する際は字体を揃える。線上に文字を書く。また、語彙・表現などを記したカードなどを黒板に貼るなどの工夫が考えられる。

(3) 発音と綴りの関係（音と文字の結びつき）の不規則性による苦手意識

文字情報と音声情報を一本化して指導し、当該単語を繰り返し見たり発音したりする機会を十分に確保する。また、動作化（ボールを投げる動作をしながら‘O’の文字をおぼえる）、絵（‘C’の文字でネコの絵を描く）、口頭での反復など、五感を総動員して音と文字を関連付けるようにする。

(4) 授業の流れや活動の変化に対応することが困難な場合

これは、ひとつの教科・科目などの枠を超えて、板書の仕方に規則性をもたせたり、授業の流れに統一感をもたせたりする工夫が求められる。また、ワークシートやワークブック、副読本等の補助教材を十分に活用して、児童がノートに書く情報を最小限に留めるなどの工夫をすることが必要である。

以上、児童や学校の多様性への対応として、まず大切なことは、児童の英語学習へ対する不安をなくすことである。また、少なくとも極力小さくして、安心して学習に取り組む環境を整えることである。

＜課題＞

動機、情意フィルター、学習を妨げるものなどについて自分の英語学習を振り返り書き出してまとめてください。

＜ COLUMN 1 ＞

言語知識の熟達化

言語知識（文法知識等）の熟達化について説明します。小学校の外国語活動と外国語科では定型表現（chunk）を目的や場面、状況に応じてインプットすることが優先されます。例えば、部屋の中央に大きな机があると想像してください。小学校の外国語活動と外国語科のイメージは、その机の上に乱雑に書類が置かれ積み重ねられていく場面が思い浮かびます。そして、机の上にある書類を定型表現と考えてください。机の上に置かれた定型表現を子供たちは、場面や状況を考えてなんとか、がさがさと書類をかき回して適切な表現を探し出してその定型表現を発話できればよいわけです。

中学校外国語科のイメージは、その机の周りにタッグがついた引き出しのある整理ラックがあると想像してください。机の上に置かれた定型表現を現在完了とか不定詞とかのタッグのついた引き出しに収める、整理することになります。分析的に整理することになるのです。

そして、高等学校では、目的や場面、状況に応じて適時、適切、瞬時にその引き出しから必要なものを引き出して活用できるようにする、というイメージになります。

以上、小学校から高等学校までの言語知識の熟達化のイメージがつかめたでしょうか。心理学的に説明しますと、定型表現をタッグの付いた引き出しに収めるのが言語知識の「精緻化」です。引き出しから場面、状況に応じて適時、適切、瞬時に取り出して活用できるようになることを、言語知識の「自動化」と呼ぶことができると思います。

言語知識の熟達化を「精緻化」と「自動化」で説明してみました。

（齋藤　嘉則）

第 2 章

子どもの第二言語習得についての知識とその活用

Unit 5　言語使用を通した言語習得

[目標] 言語使用を通して言語を習得するとはどういうことかを理解する。

第二言語 (second language) とは広義では「児童期の初期以降に習得し始める母語以外の1または複数学習言語」、狭義では外国語 (foreign language) と区別して「その言語が使用されている国や地域で生活する目的で習得する学習言語 (例：英語圏に留学した日本人にとっての英語) 」、「ある社会で多数の人々によって、日常生活・職場・学校などで広く使用されている母語以外の言語 (例：母語以外の公用語、ちなみに学習指導要領中の英語は「外国語」の中の一言語) 」(米山：2011、白畑など：2009) を指す、とされており、日本で学ぶ英語は広義では「第二言語」、狭義では「外国語」という複雑な位置にある。本章タイトルで使われている第二言語習得 (SLA: second language acquisition) 理論とは広義の第二言語に基づいており、母語を身につけた後に、母語以外の言語が習得されるメカニズムを科学的に探究する研究分野を指している。本unitでは、言語使用を通した言語習得について、考慮すべき点などを、第二言語習得前後の議論と関連づけながら触れる。

1. アウトプット、インプット、コミュニケーションの関連性

私たちが言語を使用するのは、大きく4つの技能を使う時である。まず自分の考えを他者に伝えたい時に、もし口頭で伝える場合は「話す」という技能を、筆記により伝えるときには「書く」という技能を使う。このように言語を音声又は文字で表す動作や表した結果のことを「アウトプット (発信) 」と呼ぶ。逆に相手の考えを音声によって受け止めるときには「聞く」という技能を、文字によって受け止めるときには「読む」という技法を使う。このように他者からの言語を音声や文字を通して受け取ることを「インプット (受信) 」と呼ぶ。なおインプットは「受信」という言葉から「受動的 (passive) 」であると考えられがちであるが、実際に言語を聞く・読む際には、背景情報だけでなく既に身につけている音声・文字による知識を最大限に「活用」して内容を理解しようとする。その意味では「聞く」「読む」も含め上記4技能は全て「能動的 (active) 」

な技能と言える。さらに、前述の「既に身につけている音声・文字による知識」を実際に習得するまでには、ただ言語を「聞き、読み」続けただけではなく、実際に「話す、書く」経験を重ねたはずである。その点で、言語を使用する際にも、内容を理解する際にも、インプットとアウトプットの両方は欠かせない。

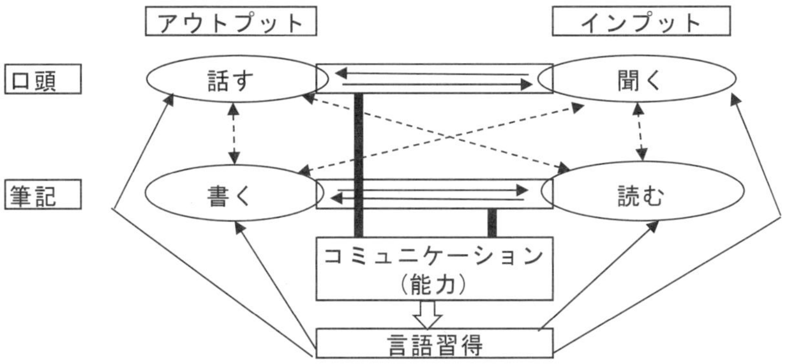

図１　インプット、アウトプット、コミュニケーションの相関図

さらに、言語による情報をインプットするためには他者からのアウトプットが不可欠であり、逆にいくら言語を話し・書いても、それを聞き・読む他者がいなければ、その言語による情報は「発信」としての意味を失い、ただの音・記号になってしまう。その意味でインプットとアウトプット双方が常に存在しお互いに関連し合う状態になって初めて、言語学習の環境が整い、言語習得につながる、と考えることができる。この言わば双方向的（two-way）関係を象徴する言葉が「コミュニケーション（communication）」である。「コミュニケーション」という言葉は「話す」のみ、あるいは「話す、聞く」のみを指すかのような使われ方をしている場合があるが、本来は「書く、読む」も含めての「インプット」と「アウトプット」の相互作用（interaction）を指して「コミュニケーション」と呼ぶべきである。従って、絵本の読み聞かせも「筆者と読者の間のコミュニケーション」という側面を持ち、授業では「読む人と聞く人の間のコミュニケーション」という形の「言語練習」、さらに読む教員と聞く児童の間で内容についての英語による対話のやり取りが加われば４技能が統合された「言語活動」として機能することになる（注）。

2. 言語の模倣・反復練習

言語を用いた練習の一つとしてパターン・プラクティス（pattern practice）が広く知られている。例えば下の例では、

（a） I like bananas.→ I like apples. → I like oranges. …
（b） I like bananas. →You like bananas. →He likes bananas. …

というように（a）では自分が好きな果物について次々入れ替えていくことで‘I like ○.’という文構造の定着を目指し、（b）では主語が次々と入れ替わる中で述語動詞の形に起こる変化も同時に習得することを目指す練習となっている。このような言語学習における模倣・反復を用いた文構造練習の他に、教員による正しいモデルの提示、適切なフィードバックの重要性などは、「行動主義（behaviorism）」と呼ばれる理論に派生している。この考えは理科の授業で学ぶことの多い「条件反射」とも関連があり、行動により習慣形成が可能となる、とする考え方である。言語習得においては、特にオペラント条件付け（operant conditioning）に基づく研究により、言語行動による新たな言語習慣の形成を通して言語習得が行われると考えられた。学習者はインプットされた言語を何度も模倣・反復する中で、i）修正を受けない・褒められる等の正の報酬を受けること、またはii）修正を受ける・修正に気づくこと等で負の除去を受けることで、言語行動が増加し正しい行動が強化され、やがて過剰学習（overlearning）状態になることで学習内容が安定化・固定化し、無意識の習慣として自動化に至る、という過程を経て言語習得に至る、と考えられた。なおこの理論が反映されている指導法は、オーディオリンガル教授法（Audiolingual Method）と呼ばれている。

この問題点は、ただ模倣・反復を繰り返すだけで練習・活動が終わってしまうと、それが機械的なドリル演習と化してしまい、実際の言語使用に至らない可能性が生じる点である。筆者がある小学校で授業実践を参観した時の出来事であるが、教室で絵カードを使いながら自分の今の状態を英語で表現する活動を行っており児童たちは楽しそうに活動に取り組んでいたが、ある児童が“I have a fever.”とニコニコ元気そうに言っている様子を見て疑問に思ったこ

とがある。柳瀬・小泉（2015）はこういう形の活動を「引用ゲーム」と名付け、本来言語とともに表出するはずの感情面を失う危険性があることを指摘している。模倣・反復練習自体を完全に否定する必要はないが、もし言語の「形」の定着確認のために使うのであれば、「じゃあどれくらい使えるようになったか確かめてみましょう」などと練習の前に児童にその目的を明確に示し、いくつか例を示したうえで行うべきであり、その練習による児童の達成度は、形式的評価として使うとしても、観点別評価の対象とはしないように留意すべきである。

3. 相手との関わりを通じた言語学習

上記のようなパターン・プラクティスを、言語を「使える」ことを目指して活用するのであれば、その中に必然性や自分の気持ちが少しでも反映される形に可能な限り工夫することが必要である。1960年代以降に研究が進められた社会文化理論によると、学習者の知的能力は言語・学習等を媒介として社会的・文化的に形成されている、としている。教室内における外国語学習においては、ただインプットを与え続けられるだけや、単純な模倣・反復練習を繰り返すだけではなく、級友・教員などとの対人関係や自己内省等による相互交渉がカギとなる、としている。つまり児童同士による協働作業や、児童間もしくは児童と教員間のやり取り（interaction）を通じた学習の重要性を指摘している。さらに「自己内省」という言葉が示す通り、他者とのやり取りだけでなく「内なる自己」とのやり取りについてもその有効性を認めている。『研修ガイドブック』では以下のように記されている。

（中略）児童が、手と言葉を用いてやり取りするだけではなく、ぶつぶつと自分自身に語りかけたり（「I baseball play.　じゃなくてI play baseball. の順番だった」）、言葉遊びをしたり（「/ba-na-na/ じゃなくて /bənǽnə/、/bənǽnə/、/bənǽnə/」）しているのをよく見かける。このようないわゆる独り言や言葉遊びを行うことで、身に付いていない語や表現をより確かなものにしていると考えられている。やがて、独り言を言わなくても、ほかの児童とやり取りを行えるようになっていく。（pp.154-155）

さらに児童は「もう自分では絶対できない」と思っていても、教員からは「あともう一息でできる」という感触がある場合には、その教員はその「もう一息」をサポートするための手助けをするのではないだろうか。このように児童の「できない」を「できる」レベルに引き上げるために教員が状況に応じて行う支援やサポートのことを「足場架け (scaffolding) 」と呼ぶ。また心理学者Vygotskyは、学習者が自力で学習が可能な領域と、全く手が届かない領域は密着しているわけではなく、その間に「他者からのサポートや援助があれば学習が可能な領域」が存在しているとして、それを‘Zone of Proximal Development: ZPD (最近接発達領域)’と命名した。下の図の中では左側の円が教員等の援助前、右側が「足場架け」成功後を指している。

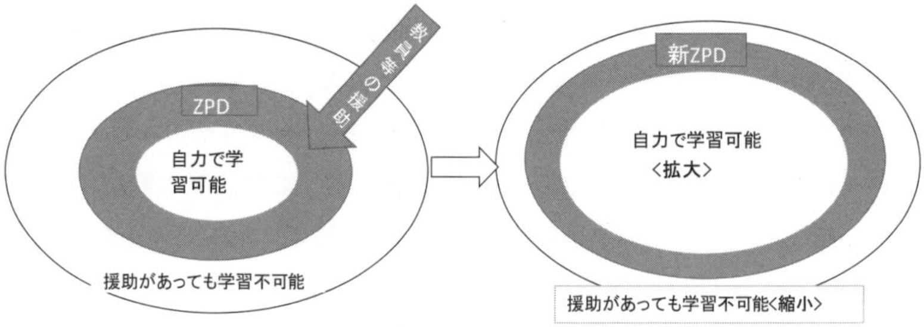

図2　最近接発達領域 (ZPD) 支援による発展の過程

適切な足場架けによる支援・援助が行われば、学習者が自力で学習が可能なレベルが拡大し、それまで援助があっても学習が不可能であった領域の中に、新たに支援があれば学習が可能なZPD領域が生まれる。今度はその領域に対してサポート・援助を与えることにより、学習者が自力で学習できる領域がまたさらに広がることが期待できる。この繰り返しにより学習者は自力で学習できる領域を広げることができる、としている。この理論は、教員が果たすべき役割について重要な示唆を与えてくれる。特に小学校においては低・中・高学年と発達段階に応じた児童の成長・変化に対応した適切な足場架けが必要である。大人が赤ん坊や幼児に語りかけるときにはcaretaker speechと言われる、理解しやすいように言い換えた (修正した) インプット (modified input) を与えることが多いが、これは授業中に教員が児童に対して使う英語にも言えることである。Teacher talkの際には易しい語彙で簡潔な文を用いてはっきり・ゆっくりと繰り返し英語で話すことが大切である。

4.「全体」から「部分」への気づきを通した言語習得

子供は具体的にどのように言語を獲得していくのであろうか。用法基盤モデル（usage-based model）によると、子どもは言語のインプットを豊富に受け、使用していく中で共通項を抽出し、それをカテゴリー化し、言語構造を構築していく、という「全体的」処理から「（部分）分析的」処理というプロセスを経て言語習得に至る、としている。例えば、“I like apples.” という文がインプットされたとすると、児童は最初それを３語からなる英文ではなく、一つの意味を持つ（チャンク）である、と認識する。その後 “I like bananas.” や “I like oranges.” などと様々なインプットを受信する中で ‘I like’ という同一の固まりに気づき（notice）、それを「より小さい１チャンク」と認識して、その後には何か異なるものが続くことに気づく。上のインプットを受けるとすると、その異なるものに「食べ物」という共通項があることに気づき、それらを「食べ物」という範疇（category）を構成する１チャンクである、と認識する。つまり、‘I like’ ＋ ‘食べ物’. という「チャンク１＋チャンク２（１範疇）」を用いて１つの英文を作ることができることに気づく。その後 “I like blue.”、“I like Ken（実在の友人の名前）.” などと食べ物以外の語がインプットされると、‘I like’ ＋ ‘[食べ物・色・人]’. という「チャンク１＋チャンク２（３範疇）」に細分化した分析的処理を通じて言語理解を深める、としている。この理論から判断すると、外国語活動では挨拶の定型表現として午前中の授業で “Good morning.” という表現を学ぶが、児童はこれを２語ではなく「グッモーニン」という一つのチャンクと認識して丸覚えしていると考えられる。そして午後の授業では “Good afternoon.（グダフタヌー）” という新たなチャンクを学び使い続ける中で、児童は「授業最初の挨拶」という一つの範疇の中に午前用の “Good morning.”、午後用の “Good afternoon.” をという２つの小チャンクを構成させる、と考えることができる。そしてその後アルファベットを学び、さらに多くのインプット・アウトプットを経験する中で、これらがいずれも２語からできていて ‘Good’ という共通項があることに、さらには語尾の /d/ は弱く発音され次の語とつながっているように発音される傾向があることにも気づくかもしれない。

Tomasello (2003) は母語習得に焦点を当ててこの理論を展開したが、第二言語習得にも多くの示唆を与えてくれる。例えば、外国語活動で音声により学ぶ語句や英文・定型表現を、児童はそれぞれ別々のチャンクとして丸ごとインプットすると思われるが、その時点で教員が分析的説明を、児童が気づく前にしてしまうのは言語習得の流れに反することになる。教員が説明をするのは、多くの児童に共通の気付きが起こった後に、その気付きを補足・補正し、正しい新たなチャンクや範疇化の形成支援をする形を取るべきであろう。

また、教室内でインプットを与える際にはその頻度 (frequency) についても留意が必要であろう。頻度にはトークン (token) とタイプ (type) がある。トークンとは同じチャンクを繰り返しインプットすることを指し、その頻度を高めることで主に記憶を強化することでより素早くアウトプットできることがその効果として考えられる。タイプとは、共通項を持つ異なったインプットを複数インプットすることを指す。例えば動詞の過去形に関して規則動詞や同じ変化をする不規則動詞を数多く続けてインプットすることがこれに当たり、学習者はその中から共通のパターンを発見し、ルールとして一般化することができる。注意しなければならないのは、与えるインプットを無意識に同じタイプのものだけにしないこと、またあるタイプの構成要素が不十分な設定をしないことである。例えば上記の 'I like ~'、のパターンの場合、'I like' の後に bananas, apples, chocolate, というインプットばかりを例に挙げてそれで終わってしまうと、'I like' + 'food' というパターンが出来上がってしまう。言い換えると、「食べ物」という1タイプのみがlikeの後に来る、という偏った気付きを児童に与えてしまう可能性がある。もしそのまま何も指導せずに間隔が空いたある時間に、何の説明もなしに "I like blue." や "I like Tomoko." という英文を提示してしまうと、混乱をきたす児童が出る可能性が懸念される。なお、外国語活動教材*Let's Try 1*ではタイトルでは色を使っているが、課内では人物・スポーツ・食べ物等様々なものを取り上げることでタイプの固定化を防ぎ、タイプについては次のunitで暗示的に提示している。同様に代名詞theyの活用を目標とする際も男性だけ、女性だけ、あるいは人間だけ、という状況のインプットのみを与えて指導を終えてしまうと、児童の頭には偏った気づきのみが残ってしまう恐れがある。この場合は、theyというタイプの中には「複数（人(he, she)、人以外（it)）」が全て何らかの形で含まれるような場面設定を工夫することが求められるであろう。気付きを喚起するために与えるインプットを検討する際には、与えるインプットのタイプについても事前に十分検討する必要がある。

加えて用法基盤モデルの考え方から、前述のパターン・プラクティスにより与えられるインプットが「形」や「形＋意味」だけで使用場面や状況が示されないと、児童の「意味の読み取り」スキルが喚起されず、言語習得に至らない可能性がある。必ず言語使用と意味が一体化した会話・スキット等の設定場面を明示することが大切であろう。

（注）『研修ガイドブック』では「言語活動」を「実際に英語を使用して互いの考えや気持ちを伝え合うなどの活動である」と定義づけている。この定義に当てはまらない英語を用いた活動を本unitでは便宜上「言語練習」としている。

＜課題＞

用例基盤モデルに基づく、上記記載例外の「全体的処理」→「（部分）分析的処理」という過程を取り得る他の例を示しなさい。

Unit 6　音声によるインプットの内容を類推し、理解するプロセス

[目標] 音声によるインプットの内容を類推から理解へと進むプロセスを経ることを理解し、指導に生かすことができる。

音声が耳からインプットされて理解に至るプロセスについてBrown and Lee (2015) はClark and Clark (1977) とRichards (1983) をの考えに基づき以下のように示している：

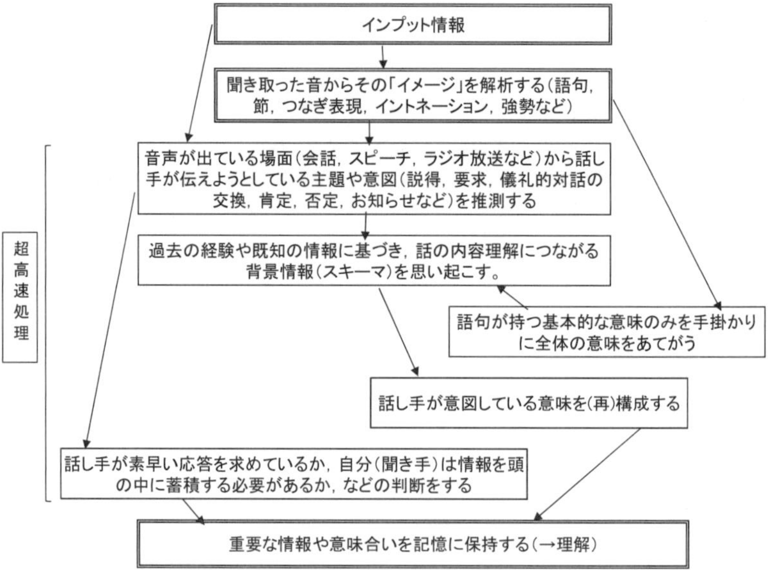

図1　聞くことから理解に至るプロセス（Clark and Clark: 1977、Richards: 1983、Brown and Lee: 2015より編集）

図より、音声によるインプットの内容が類推から理解へと進む際に欠かせない要素として、1. 状況場面、背景情報、既知知識の活用、2. インプットの質、3. インプットの量、が浮かび上がる。本Unitではこの3点について学習指導要領（CS）の記載内容と関連づけながら考えていく。

1. 状況場面、背景情報、既知知識の活用

音声自体は一つの「もの」に過ぎず、それが情報として意味を持つことを理解するためには、その手掛かりとしてその音声を象徴する物やそれが示す意味合いを言語以外のものを用いて示すことが欠かせない。特にまだ文字を学んでいない段階でその音声に何か意味があることを示そうと思えば、なおさらその意味合いを推測させてくれるような手がかりが必要である。令和2年度より本格的に施行される小学校CS外国語活動及び外国語編の「言語活動及び言語の働きに関する事項」内で「聞くこと」について以下のように記されている：

〔外国語活動（小3、4）〕
（イ）身近な人や身の回りの物に関する簡単な語句や基本的な表現を聞いて、それらを表すイラストや写真などと結びつける活動。
〔外国語（小5、6）〕
（ウ）友達や家族、学校生活など、身近で簡単な事柄について、簡単な語句や基本的な表現で話される短い会話や説明を、イラストや写真などを参考にしながら聞いて、必要な情報を得る活動。

「身近な人や身の回りの物」「友達や家族、学校生活」などといった状況場面が明確に示され、「イラスト・写真」といった背景情報を効果的に活用するとともに上記事項に関する解説文（pp.29-31）中に「動作、表情、ジェスチャー、実物」などを「添える、結びつける、交える」という記述が見られるように、既知情報を仲介とすることで音声の持つ意味合いが理解されることになる。その意味で、言語学習に状況場面、背景情報、既知知識の活用は重要な意味合いを持つ。授業の場では上記以外にも絵カードなどが有効な手段として活用されている。上記解説編には文レベルの指導例も紹介されている。例えば好きなものを伝え合う活動では、リンゴの実物か絵を持ち、自分を指さして‘I’と言い、好きなことがイメージできるような表情やジェスチャーを交えて‘like’を使い、“I like apples.”と言うと、音声と「実物・絵・表情・ジェスチャー等」が結びつき、意味理解につながる。そしてこれらの情報が児童の記憶に残れば、これらの要素を含む新たな音声インプットが耳に入った際に、その記憶に残り既知となっ

た情報を類推のための要素として活用し、さらに新たな音声理解の促進につながることになる。令和2年度以降小・中・高と順次施行されるCSでは、こうしたいわゆる「文脈」活用の重要性が様々な点で示唆されている。

なお状況場面、背景情報、既知知識の活用は文字認識にも欠かせない。小学校CS解説編では「聞くこと」に関する言語活動の一つとして「文字の読み方が発音されるのを聞いて、活字体で書かれた文字と結びつける活動」を挙げている。これは文字指導の初期段階では「①文字の音を聞く→②活字体で書かれた文字と結びつける」という手順を踏むべきであることを示唆している。この際にも「音声→文字」という言語の結びつきだけで「筆記言語の理解」につながるとは考えにくい。小学校CS解説編中の「読むこと」に関する言語活動の一つとして「音声で十分に慣れ親しんだ簡単な語句や基本的な表現を、絵本などの中から識別する活動」を挙げている。つまり、絵が「状況場面、背景情報」の役割を果たし、絵を通じて音声と文字を結び付ける役割を果たすことになる。さらに、語句や文の音声にはイントネーションや強勢を含むリズム的要素も付与されるが、歌やチャンツはその要素を最大限に活かすことができる。まず歌やチャンツを音声で慣れ親しませその後、リズムが消えないように留意しながら文字を通して歌い口ずさむことで、音声と文字を結び付けることも可能であろう。さらに絵カードを通じた音声から文字認識に至る練習では、最初は絵のみのカードを使って音声と絵を結び付け、次に大きな絵に小さな文字を下に加えた絵カードで音声と結びつかせて小さな文字を何らかの記号のようにさりげなくつけ、児童が慣れて来るに従って文字の方が大きいレイアウトに変え、そして最終的には文字のみのカードにする、というステップを踏むことも有効であろう。

留意点として挙げたいのは、文字の読み方を扱う際には、耳で捉えた音声通りの正確な音声のままで伝えることである。例えば‘A, a’という文字の読み方は「エー」ではなく /ei/ である。アルファベット・ソングを口ずさむ場合、日本人は「エー・ビー・シー・・・」と歌いがちであるが、注意して聞くと、‘e (~) i, bi:, si:・・・’と確かに /e/ の部分がやや長めに歌われることはあるものの、必ずその後に /i/ とついて二重母音化していることに気づくはずである。また‘F, f’についても「エフ /efu/」、のように音の最後に母音を残さず /ef/ と発音して練習させることが必要である。さらに上記‘F, f’のように「文字の音/f/」を既に文字の読み方に含んでいる場合は例えば/ef-f, f, f, f…/とリズムをつけながら言う練習を加えておくと、後に文字の音についての類推・気付きを喚起するきっかけにもつながるであろう。

2. 与えるインプットの質

小学校CS外国語編の「読むこと」に関する言語活動の解説文には以下のような記述がある：

> (中略) どちらの活動に取り組ませる場合も、その前段階として、読ませる語句や表現に音声で十分に慣れ親しませることは必須である。(p.105)

ここから音声インプットを与える際には、質・量ともに豊かに示す必要があることが示唆されている。まずインプットの質についてであるが、何より重要なのはインプットが「理解可能な (comprehensible) 」ものであることである。「理解可能なインプット (comprehensible input) 」とは、言語学者Krashenが‘*i*＋1’という表現で示したもので、「学習者が現在持つ言語レベル (*i*) より、学習者の理解を妨げない程度の一段上(＋1)のインプット」ということである。例えば新聞や本を母語で読むとき、記載されている語句などの意味が100%理解できていなくても類推・要点把握によって読み進めることができる場合、それは理解可能な母語インプット、と言うことができる。上記CS解説編の中では「動作、表情、ジェスチャー、イラスト、写真、実物」などを「添える、結びつける、交える」という記述があるが、そのことで児童が理解可能なレベルになるのであればそれは適切なインプット、と言える。それ以外には、児童の興味・関心を把握し、それを活用することで児童の興味を引き出し、類推が可能な状況にすること、ある表現が典型的に使われる場面でその機能が推測できる状況を作ることも大切である。例えば授業初めの号令で英語以外の授業が「気をつけ、礼」としているのであればそれに合わせて例えば“Stand up, bow”とすれば、児童は何のことかが容易に理解できるであろうし、外国語 (活動) については“Good morning.”“How are you?”などと使うと決めて、実際に使い続けることで、これらが挨拶の際の表現であることを経験的に把握するであろう。そのように使用場面とともに与えられたインプットはより深く記憶に残ることが期待できる。

インプットの質に関する留意点として、音声は「ゆっくり、はっきりと、大きな声で」示すこと、そして音声ができる限り正確であることが挙げられる。日本語の中には数多くの借用語（カタカナ語）が存在し、その中には英語由来の語句もある。カタカナ語のうち英語由来のものであれば児童も慣れ親しんでいる可能性が高いため、類推と言う意味では有効な可能性もある。ただその際に注意すべきはカタカナ語が「英語に似ている日本語」に過ぎず、そのまま英語の中に当てはめないように留意することである。カタカナ語をそのまま英語の中に入れてしまうことで日本語音声もそのまま混ざることになり、英語音声習得の妨げとなる可能性が高い。さらに児童の中には類推・気づきが苦手な児童もいることが考えられるため、暗示的・具体的な説明などの可能な支援のストックを持っておくことが望ましい。

3. 与えるインプットの量

次にインプットの量については、前に「使い続ける、経験的」という表現を使った通り、豊富に与えることが必要であろう。また児童がある表現にある程度慣れてきたことが確認でき、退屈そうな様子が確認される場合には、場面に変化をつける、表現自体にも変化やバリエーションを加える等の工夫も有効である。現CS施行前の移行期間に配布された外国語活動・外国語教材である*Let's Try*や*We Can*では既出表現が複数のunitで繰り返し使われるように工夫されており、それが現CS下で新たに発刊される外国語教科書にも反映されると思われる。豊かなインプットに継続的に触れることで記憶に残りやすくなるとともに児童の好奇心を刺激するとともに、英語に関するより多くの「気づき」を生み、そこから「理解→内在化→自動活用化」というプロセスが児童の頭の中で意識的・無意識的に進む可能性も期待できる。留意点として、筆者が高校教員時代に勤務校所属ALTを小学校の英語活動のために連れて行った際にある小学校教員が「小学生は覚えるのも早いが忘れるのも早い。復習はしつこいぐらいやってもらいたい。」と仰っていたのが印象に残っている。つまり覚えたことはその時にはどんどん使うことができるが、間隔があいてしまうと、それを忘れるスピードも速い、ということであろう。外国語活動が週１時間、外国語が週２時間という限られた時間しかなく、学校行事はもちろん長期休業など授業間の間隔がさらに大きくなる場合もある。短時間授業（モジュール）の導入も解決策の一つになり得るが、特に間隔が空いた後の授業時には指導案に配慮が必要である。

＜課題＞

下は*We Can 2*、Unit2最初の２ページである。児童の好奇心や類推を刺激する設定場面や機能を、英語表現とともに示しなさい。

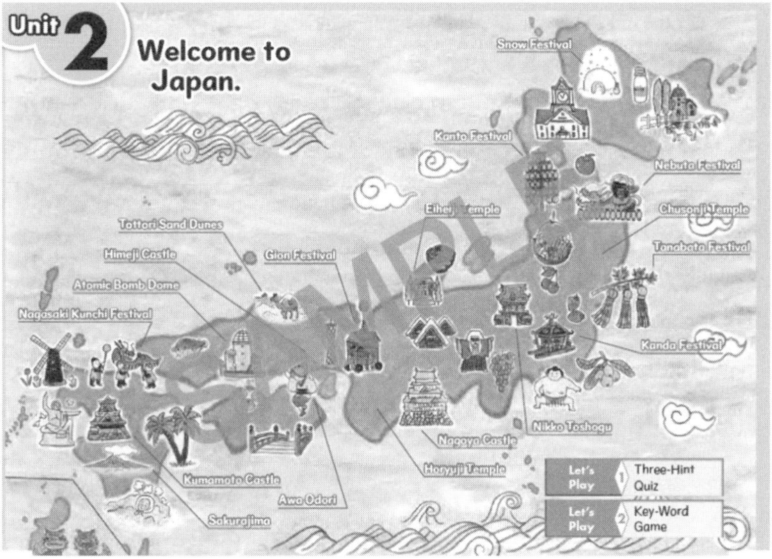

Unit 7　児童の発達段階を踏まえた音声によるインプットの在り方

［目標］児童の発話段階を踏まえた音声によるインプットの在り方を理解し、指導に生かすことができる。

1. インプットと子どもの母語取得について

インプットというのは簡単にいうと、学習者の耳に入ってくる外国語のことである。どんなような言語にせよ、上手になるためには相当な時間がかかるであろう。その原因が初心者とネイティブ・スピーカーのインプットおよび知識と能力のギャップにある。

「子どもの時に自分の周りで耳に入った言葉をどのように身に付けましたか」という質問に対して、殆どの人は「覚えてない」という返事になるだろう。言語習得という分野では、入ってくる周りの音・言葉を「インプット」という。ここではまず初心者のインプットについて考えてみよう。赤ちゃんに声をかけたら、笑い返す赤ちゃんが多い。赤ちゃんは何を言われているかはわからないが、信頼している身近な人とのコミュニケーションを楽しんでいるのであろう。赤ちゃんは簡単な音・母音からはじめて、少しずつ、単語が言えるようになり、その後、文章が言えるようになり、徐々にネイティブ・スピーカーへと成長していく。そのため、小学校の児童にとっても、発達段階に応じた児童にふさわしい質の良いインプットを選ぶ必要がある。

2. 長期計画が必要

子どもには驚くほどの単語を覚える力がある。子どもは環境・能力に恵まれているなら、一つの言語もしくはいくつかの言語を同時に、自然に身につける素晴らしい才能を持っている。これは臨界期仮説と呼ばれている。ただ、Lightbown（2000）によると、その外国語への紹介・導入が「多量で継続的」(initial exposure is substantial and sustained)という条件が不可欠である。小学校現場に当てはめると、長期的に少しずつ単語・表現を紹介して、コツコツと練習してもらうことであろう。言語習得とは、児童が少しずつ知っている単語を身に付け、徐々に自信がついていく過程である。

3. インプットとアウトプット

殆どの教材にある最初の単語は「Hello!」である。一般的に教員がリードをとって紹介すると思える。最初に児童のアウトプットは簡単で少量である。アウトプットは文字通り、話者がその外国語で実際に話す単語や表現のことである。もちろん教員によるインプットはそれより多量である。時間をかけて、そのギャップが段階的に少なくなる。次に教員のインプットと児童のアウトプットを比べてみよう。

大量のインプット（教員）	少量のアウトプット（児童）
Let's play a game.	OK!
Let's practice a chant.	Sure!
Do you know this song?	No! Sorry!

「OK!」などを簡単に答えるのは容易かもしれない。児童が最初の段階でそのように英語で答える力があったら、その後少しずつ答える量も増えてくる。母語でも外国語でも、家庭でも教室でも、やり取りで慣れ親しむことは何よりも大切なことである。教員及びクラスメートの英語を聞いて、答えるのが対話的学習の第一歩である。

4. 児童の単語を吸収する力

O'Grady (2005) によると、母語の場合、2歳から6歳の児童が1日に平均で新10語の新しい単語を身につけるという。さらに、6歳までに1万4千語の単語が身についたという。その後、さらに早いペースで毎日20語まで身につけた子どももいたという。Hart & Risely (1995) によると、両親からのインプットの量によって、子どもの言語発達度が違うことが明らかになった。両親とのコミュニケーションの多い環境の子どもの言語発達度は、そうでない環境の子どもより優れていた。当然のことではあるが、重要なのはやり取りである。テレビなどのインプットのみの効果は限られている。人と人との必然性のあるやり取りの際、言葉を使うことによって、少しずつ言葉を習得していく過程が何よりも大切なのである。教室でもこういうやり取りが大切であることはいうまでもない。

喃語をしゃべれる赤ちゃんの発する言葉を聞いても理解できない音が多い。赤ちゃんは徐々に周りの人が発する「音」を意識するようになる。聞きながら、観察して、少しずつそれらの「音」に意味・役割・使う場面があるということに気付く。その後、子どもは自分で音を発声して、相手の反応を見て学習し、少しずつ正しく使いこなせるようになる。

赤ちゃんの母語習得のプロセスは、大量のインプットに続いて、少量のアウトプットという過程である。普段、小さい子どもには間違っているかどうかという意識はあまりない。赤ちゃんにとっては、必死に言ってみることが目標である。子どもは相手に伝わるかどうか、その反応を見ている。間違った発音を親が訂正しても、しなくても言語習得過程は変わらないと言われている。しかし、子どものアウトプットにはかなりの個人差がある。早く言葉・表現を言うことのできる子どももいるが、かなり「のんびり」している子どももいる。突然に、喋り出す子どももいる。しかし、特別な事情がない限り、全ての子どもがいずれ母語のネイティブ・スピーカーになる。インドとアフリカなどでは二か国語以上話せる子どもや大人は、珍しいことではない。

上に述べてきたのは母語での言語取得過程の例であるが、外国語（英語）学習にも同じような環境・状況が見られる。さらに類似点も多い。では一体、教室ではどうすればいいのだろうか。重要なのは、少しずつ英語のモデル（単語・表現）を使いながら、英語でのやり取り（インプットとアウトプット）を大切にする環境づくりである。最初は場面に応じた正しい発音の例が不可欠であろう。母語と同じように、場面を設定して、その表現を使う必然性があれば、意思疎通はより活発になる。Krashen（1981）が主張しているように、児童がわかる段階より少しだけ、より上のレベルの言葉・表現を使うと、児童がわかる範囲が少しずつ増えてくる。さらに繰り返しが大切である。母語でも外国語でも最初は未知の世界である。少しずつインプットを繰り返して聞きながら、語彙・表現を身につけていき、少しずつわかること、言えること、理解できることが増えて、最終的に自分で言いたいこと、伝えたいことが増えていくのである。

5. 日本語と英語の大きい違い

日本語と英語の一番違う点は何だろうか。一般的に高校生・大学生に尋ねてみると、「文法が違う」、「単語が違う」、「語順が違う」などの意見が多い。これは良い意見であるが、言葉で意思疎通をしようとするとき、日本人の学習者にとってもう一つの大きい壁がある。それは英語と日本語のストレスやイントネーション、強勢、リズムが大きく違うことである。単語だけの場合でもかなり違う。英語の「banana」の場合、英語の発音は「バナナ」ではなく、「バナーナ」に近い感じである。

イントネーション

イントネーションが違うと、次のように意味も違う場合がある。

Hello!　　イントネーションを上げたら、元気よく挨拶になる

Hello….　　イントネーションが低くて、ゆっくりいうと、元気のないな挨拶になる

Hello?　　「誰かいますか」「ごめんください」のような意味

Hello.　　低く早くいうと、「時間がない。忙しいです。」という意味

強勢

大切なところを強調したら、わかりやすい自然な英語になる。

I like swimming. Kenta doesn't like swimming.（比較・対立）

I like swimming in the sea in summer.（Kentaと違ってという意味）

I like swimming in the sea in summer.（水遊びのではなく、水泳が好き）

I like swimming in the sea in summer.（プールなどではなくて、海で）

I like swimming in the sea in summer.（秋・冬・春よりは夏）

リズム・連結

Nice to meet you.　　「ミート・ユー」より「ミーチュウ」

What would you like?　　「ウッド・ユー」より「ウジュー」

小学校で英語を教える場合、以上の三点に注意したい。

6. 注意：カタカナ英語は通じない可能が高い

教材に載っている単語の中には、日本語・和製英語にもなっている単語が多い。小学校３学年の年間指導計画活動例を見ると、インプットは単語と簡単

な表現・質問から始まっている。外国語活動では身近な語彙（ball, crayon, apple, strawberry, soccer, baseballなど）から始まる。これらの単語は全て日本語でもよく使われている。さらに、挨拶など（Hello, Hi, Goodbye, How are you? See you）がある。How many? Do you like apples?, What do you like? What do you want? Are you a dog?のような質問もある。それから肯定文と否定文の紹介（I like blue, I'm a dog, I'm not, It's a melon, This is for you）などがある。正しい英語のストレスの元で教えないと、子どもが習ったことばは実際に英語として伝わるかどうか不安が生じよう。

日本語を知らない人が「キャット」のような単語を聞いても「cat」と認識しないかもしれない。随分前に私の弟が日本に来たとき、中学校の授業参観に連れて行った。中学生が弟に、「What food do you like?」、「Can you eat sashimi?」などの習っている表現を使って、質問をした。日本に住んでいる私は理解できた。さらに、そのクラスの中学生同士もわかっていた。しかし、日本語がわからない私の弟は中学生の質問には答えられず、私に「Is it English?」と呟いてきた。というのは、正しい英語らしい強勢・イントネーション・リズムがない場合、英語として機能しないからである。児童が初めて触れる、初めて話してみる英語には身に付けるべき良いモデルが必要であろう。

7. 教員およびALT等からの良いインプット

小学校英語外国語活動・外国語研修ガイドブックに以下のようには書かれている。「英語と日本語の音声やリズムなどの違いに気づかせる。デモンストレーションをして活動方法を理解させる。」 小学校教員は英語が専門ではなくて、英語の力に自信のない場合、ALTと協力しても良いし、文部科学省のホームページにある音声・ビデオなどの教材を活かして授業を進めていけば良い。ホームページにも授業中の話、打ち合わせなどの見本がある。

教員およびALT等からの良いインプットの段取り表

教員 →	→ 教員とALT等	→ 児童	→ 児童同士	教員・ALTと児童
事前に調べる	良い仕掛を	練習	やり取り	確認・振り返り
良い発音のモデルを準備する（教材、話、ビデオ等）	ALTとのやり取りで児童に紹介して、良い見本・モデルを見せる	ゲーム、ドリル等でキーポイントを練習させる	場面を設定して、必然性のあるやり取りを児童にしてもらう	児童のやり取りを観察し、励まし・やり取りをする。→振り返り・質問

8. まとめ

正しい強弱の音声によるインプットは、思春期ぐらいまでの自然と言葉を吸収する能力がある児童にとっては何よりも大切だと思える。文法、文化の知識、語彙などは後に勉強しても上手になれるが、児童の英語がわかり易く、伝え易くなるための基盤づくりは、音声による正しい強弱のあるインプットである。

学習指導要領における領域別目標

聞くこと	イ　ゆっくりはっきりと話された際に、身近で簡単な事柄に関する基本的な表現の意味がわかるようにする。
話すこと（やりとり）	ア　基本的な表現を用いて挨拶、感謝、簡単な指示をしたり、それらに応じたりするようにする。

指導要領では、話す力と聞く力、すなわち実際のコミュニケーションの基本が重視されている。このような目標を目指す教員にとって欠かせないのは、自然な良い正しい実際に通じる英語のインプットとモデルである。正しい強弱配置は何よりも児童にとって何より良い基盤作りである。

＜課題＞

1. 強勢配置について、英語と日本語の違いを説明して下さい。
2. 次の英文に自然なイントネーションをつけて下さい。

ア）What's this? Is it yours?　-No, it's Hana's.

イ）Oh? It's a potato, not a tomato.

3. 次の語にどこに強勢はどこに付けますか。後で、確認して下さい。

ア）baby　イ）monkey　ウ）doctor　エ）July　オ）butterfly

カ) astronaut　キ) afternoon　ク) salad　ケ) lemon　コ) Japanese

New Horizon Elementary 5、Sounds and Letters

(https:tsho.jp/02p/e5/sal/01/sound/)

4. リズム・連結について

リズムと連結に注意して、次の絵英文を読んでください。どういう所に気をつければ良いですか。

i) What time do you get up?

ii) I went to Taiwan in summer.

5. *New Horizon Elementary 5* の Let's Chat, Unit 8、Who is your hero? のイントネーション、強勢、連結を考えて下さい。その後、確認するためには、HTTP をご覧ください。(https://tsho.jp/02p/e5/chant/unit8/sound2/)

Why is he your hero?

He is good at cooking.

Good at skiing. Good at singing.

He is always kind to me.

＜COLUMN 2＞

小学校と中学校の連携について思うこと

私は、現在、中学校の英語教師で、中学校では主に3年生の英語科の授業を担当しています。そして、毎週金曜日には近隣の小学校に出かけて、6年生の英語の授業も担当しています。その中で、小学校と中学校の連携の在り方について考えたことが2つあります。

その1つ目は、英語を学ぶことが好きな子どもたちを小学校の時から育てることが大切だ、ということです。小学校で外国語活動が始まる前までは、多くの子どもたちは中学校に入学して初めて英語を学んでいました。しかし、残念なことに小学校でも英語学習が好きではない子どもが散見されるようになりました。

そこで、私は小学校では英語を聞いたり、話したりする活動を工夫して多く取り入れたり、また、「自分の英語が通じた」という体験を数多く積み重ねたりすることが必要だと思いました。そうすることで、その成功体験が英語に対する自信につながり学習意欲を高めることになる、と考えたからです。

2つ目は、書く活動を丁寧に指導することが必要だと思いました。小学校学習指導要領（平成29 年告示）解説 外国語活動・外国語編「書くこと」には、「音声で十分に慣れ親しんだ簡単な語句や基本的な表現を書き写すことができるようにする」とあります。そこで、小学校の授業で英語を「書き写す」活動を行うのですが、その際、小学校ではひとりひとりの子どもたちに丁寧に指導することができると思います。なぜなら、まず私が教えている小学生は、書く活動に、とても意欲的に取り組んでいます。しかし、早く正確に書き写すことのできる子もいれば、逆に間違いの多い子もいます。例えば、ピリオドを忘れたり、単語と単語の間隔を十分にとらなかったりする場合などがあります。

この点については、一斉指導だけでは十分に対応できないと思います。子どもたちの書いたワークシートやノートを授業後に集めて添削したり、授業中にも丹念に机間指導をして、子どもたちに自分で自分の間違いに気付かせたりする指導が必要です。しかし、手間も時間も掛かり、授業がなかなか進まなくなってしまう、という心配もありますが、「書くこと」の学習は、中学生にとっても、高校生にとっても時間がかかる活動です。小学校から丁寧に時間をかけて指導することが、その後の子どもたちの英語学習を考えると大切だと思いました。

以上、小学校での体験をもとにまとめてみました。小学校と中学校との円滑な連携を進める手立てをさらに考えていきたいと思います。

（大西　範英）

Unit 8　コミュニケーションの目的や場面、状況に応じて他者に配慮しながら、伝え合うこと

[目標] コミュニケーションの目的や場所、状況に応じて意味のあるやりとりを行う重要性を理解し、指導に生かすことができる。

1. 状況に応じたコミュニケーションの必然性

小学校でも中学校でもさらに高等学校でも指導者が児童学生と英語で話すときには特別な配慮をして、気をつけて話している。小学校では、初心者である児童のレベルに合わせて英語の単語と表現、授業のテーマなどを選んでいる。児童生徒が少し英語に慣れてきたら、分かること、言えること英語でできることが多くなる。ここでの目標は児童が英語によるコミュニケーションに慣れ親しむことである。積極的に自分の考えや言いたいことを簡単に伝え合う力を養うことを目指しているのである。一方的に自分の話すことのみに集中せずに、相手が話していることを理解する工夫も必要である。学習指導要領には小学校第3学年及び第4学年外国語活用の話すこと (やり取り) について、次のように述べられている。

ア　基本的な表現を用いて指示、依頼をしたり、それらに応じたりすることができるようになる。

第5学年及び第6学年の外国語になると、以下の表現が記載されている。

イ　基本的な表現を用いて指示、依頼したり、それらに応じたりすることができるようになる。

さらに読むと、「相手」と「伝え合う」という表現が記載されている。

ウ　自分や相手のこと及び身の回りの物に関する事柄について、簡単な語句や基本的な表現を用いてその場で質問をしたり質問に答えたりして、伝え合うことができるようにする。

児童が積極的に英語で伝え合うには、まず、児童の関心・興味が湧くような場面・状況を考える必要がある。身近なことを児童に聞いてみて、ヒントなど

を与えて、児童が「知りたい」、「聞きたい」、「比べてみたい」などの「聞く必然性」の気持ちを作らないといけない。教師が一方的に英語を教えるという感じより、児童が知りたいことを教えるのが良いやり方である。例えば、活動として児童同士で習った表現を使って好きなものを聞くインタビューなどがその一つである。

適切な言語的な態度・反応・能力の育成を考えると、「相手」と「伝え合う」という単語がキー・ポイントである。相手を配慮しながら活動することが大切なのである。主体的にコミュニケーションを図ろうとする態度の育成も、さらに重要である。このようなことを基本にして、積極的に英語と関わりたい・関わっても構わないという態度を養うには、その場面に合った適切な言語的な態度・反応・能力の育成が大切となる。

特に外国語を話す場合、母語と違って、話者に大きなハンディがある。ネイティブ・スピーカーについている文化の知識、文法力、語彙力、適切な表現などを自動的に正しく選択する能力などが学習者にはない。その状況の中で、話す・聞く、良いやり取りなどをするためには、次の２つのことが大切である。これらは小学校で英語を紹介するときにも欠かせないことである。

2. 態度：やり取りの段取りを意識しよう

初心者にとって、英語で言える・わかる・できることが限られて、「つかれ」が出るのは早い。慣れている母語なら、一日中でも普段、「つかれ」(話したくない、全くわらかなくなっているということ) があまりない。しかし、外国語の英語なら、当然であるが、5分でもやり取りを続けることができない児童がほとんどである。授業では自己紹介、好きなものの質問・紹介、できるものの質問・紹介などが多い。

会話・やり取りにはbeginningがある。初心者にとって、これが大切であるが、それでは終わらない。さらにやり取りの課題および話の内容というmiddle/中心がある。特に初心者に終わるときの締めくくりの言葉を決めないと、会話・やり取りがいつまで続くか、相手に任せているような状況になる。初心者に自力で会話・やり取りをスムーズに丁寧に終了できる力がないと、「つかれ」が出る。

良い会話・やり取りの流れ

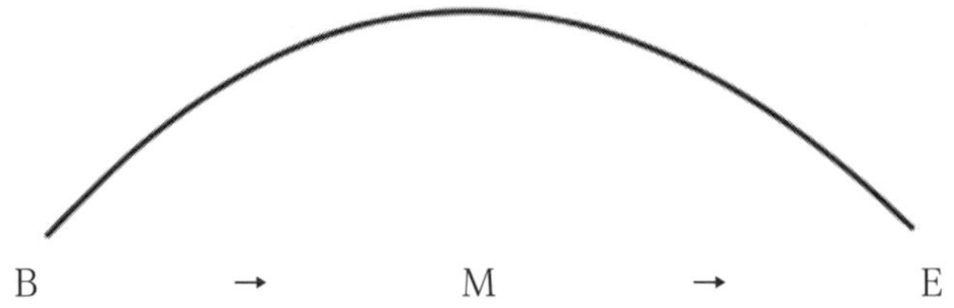

B (beginning)：最初に適切な挨拶などをかわすことという意味である。授業中にいきなりある場面のやり取り・会話の見本・練習に突入するではなく、まず、その場面を確認して、その場面にあった最初の挨拶を交わすことが大切である。

M (middle)：やり取り・会話・発表など、色々ある。できるだけ膨らみをつけたほうがいい。相手のレベルに合わせたトピックや流れおよび時間が大切である。

E (end)：伝え合いのやり取り・会話が終わって、すぐに何も言わずに終了せずに、少しずつ相槌などをし、適切ないくつかの表現を交わして、丁寧にその場面で交わしたやり取り・会話などを丁寧に終了することが大切である。教室で、毎回、それを練習すれば、いずれ自動化される。

単純に見えるかもしれないが、外国語の場合は、以上のことがとても大切だと思える。さらにまた、話者に自分で会話を終了するタイミングの合図を与えることも大切である。次の二つの例を比べてみよう。

「中心」のみの例

HRT : Where is the bookstore?
ALT : Go straight. Next to the school.

このような会話は短すぎて、活発的なコミュニケーションに繋がってない。

段取りの良い例

HRT：Excuse me.　　(B：最初の呼びかけ)
ALT：Yes?
HRT：Where is the bookstore?　　(M：課題・質問など)
ALT：Go straight. It's next to the school.
HRT：I see. Thank you. Goodbye!　　(E：締めくくり)

このように簡単な最初の挨拶と最後の締めくくりの言葉・挨拶をつけると、とても丁寧な流れができてくる。ある意味ではEを使って児童生徒が会話およびやり取りの終わるタイミングを自分で選べる。疲れが出ないし、児童に柔軟な適応力を身につけさせ、言葉・会話への自覚を促し、少しずつ自信を持てたらせることができる。授業中にしても、やり取りが終わるポイントを自分自身で選べることは大切である。他者に配慮しながら、伝え合うことのタイミングを選ぶことができる。しかし、これだけではまだ不十分であろう。次に、内容について考えてみよう。

3. 反応（リアクション）：相手が伝えようとしていることの確認

特に外国語で話しているときに、初心者でも流暢な人でも、情報・聞いたことを確認する必要がある。数字、名前、地名、食べ物の名前、時間など、数多くの新しい情報が入ってくる場合、これらを確認しないと誤解が発生しやすい。簡単な例をあげると、英語を初めて習う日本人にとって英語の数字の「7」と「9」をよく聞き間違えてしまうことがある。原因は頭の中で英語の「9」を聞くと、「ナイン」という音になって、日本語の「ナナ・7」になってしまったからであると思える。原因が違うが、英語圏のネイティブ・スピーカーでも「13」と「30」等の数字を聞いても聞き間違えることが多々ある。

こういう状況の中で、初心者の児童生徒にとって、最初に聞いたり、言われたことを確認する態度の育成が必要である。インプットを聞いて、相手に確認してからリアクションを加えることがとても大切なのである。簡単にいうと、言われたことを短く言い返して、コメントすることである。

聞く　→　繰り返して、確認する　→　リアクション

正しく聞き取れたかどうかを確認できるように、言われたことのキーポイントを短く言い返してみる。その後、得た情報・言われたことについて、コメントする。一般的には、eye contact, smile, gesture, clear voice, reactionを子どもに十分意識させることが大切である。

*New Horizon Elementary*からの例を上げると、

-I like blue.
-Blue? You like blue? Me too. I like black, too. OK, see you!

(*New Horizon Elementary*)

上記のやり取りは良いスタートである。その場面に合った適切な言語的な態度・反応・能力の育成には、会話・やり取りの構成を最初から授業に取り入れ、生徒にもらえば良い。これら会話・やり取りの確認を取り入れることが、他者に配慮しながら英語に慣れ親しむ環境作りの第一歩だと思える。

4. まとめ

小学校の英語の授業にはコミュニケーションの目的や場面、状況に応じて他者に配慮しながら、伝え合うこととその場面に合った適切な言語的な態度・反応・能力の育成ということが目標である。会話の構造及び会話の中の他者に配慮した返事・答え方がとても大切なのである。聞き手・相手の返事などを英語で正確に聞き取り、それに適切に反応する力の養成を最初から授業に取り入れ流ことができれば、高学年と中学校に進むためのとても良い基盤作りとなる。その後、児童の関心・興味を引き出し、「聞きたい」「話したい」ということにさらに配慮をして、お互いに伝え合いたいという環境を考える必要もあろう。

＜課題＞

1. 単語、表現を教えるにはどのような工夫が必要であるか。

2. 段取りのないやり取りを児童に身につけさせないと、長期的に考えたら外国語としての英語の育成にどういう不利益が生じるのであろうか。
3. 児童が住んでいるところの名産品を選んで、聞く必然性、段取りの良いやり取り・会話を含む活動を考えて下さい。最初のワームアップなどで、児童の関心・興味・聞きたいことを考えて下さい。

Unit 9　受信から発信、音声から文字へと進むプロセス

［目標］受信から発信、音声から文字へと進むプロセスを理解し、指導に生かすことができる。

英語学習の順序について考えるに当たり、我々がどのように母語を習得してきたか、また子どもがどのように習得するかを振り返ると、おおよそ次のようなステップを踏んでいるのではないだろうか。外からの問いかけや発話が耳に入る中で、ある時は無反応、またある時は体で反応を示すことから始まり、やがて子どもが口の動きで発しやすい音も出始まる。つまり外からの日本語のインプットがまずあり、それに対して①体全体の動き→②口・唇の動き→③音を出すことによる反応、という順で発話に近づく。そして子どもが反応したことに刺激され親も呼びかけが増える。これに対して子どもは聞こえた音、ピッチ、イントネーションなどを真似ようとし、音と一緒に外界の様々な物を視覚で捕らえる中で、音の固まりに何らかの意味があることに気づき始め、それを表現しようと1語の文、2語の文、と徐々に発話の幅を広げていく。またその過程で文字を目にする機会も増え、例えば、広告のロゴなど文字の固まり（チャンク）がTVコマーシャルなどの音声と結びつく形で音声と文字の結びつきに徐々に気づいていく。そして小学校でひらがな、カタカナから始まり日本語の文字を学習により定着させていく。おおよそこのようなステップで母語の定着が進む様子を目にすることが多いのではないだろうか。

ここまでをまとめると、言語習得は「受信→発信」そして「音声→文字」というプロセスを経て進む、と考えることができるであろう。

1．学習指導要領（CS）中の「受信→発信」に関する記載

小学校CS外国語活動・外国語編での小学校3年生以降の外国語学習にはこうした言語習得のプロセスが踏襲される形で提示されている。「第2章　外国語活動の目標及び内容：第2節　英語：1　目標（文部科学省： 2018、19-24）」の各技能別目標によると、(1) 聞くことについては以下の目標が記されている。

> ア　ゆっくりはっきりと話された際に、自分のことや身の回りの物を表す簡単な語句を聞き取るようにする。
> イ　ゆっくりはっきりと話された際に、身近で簡単な事柄に関する基本的な表現の意味が分かるようにする。

つまり「1. 音声インプット→2-1. 自分のことや身の回りの物に関する語句の音声としての認識・2-2. 基本的な表現の意味理解」というプロセスを示している。さらに(2)話すこと［やり取り］では以下の通り目標が記されている。

> ア　基本的な表現を用いて挨拶、感謝、簡単な指示をしたり、それらに応じたりするようにする。
> イ　自分のことや身の回りの物について、動作を交えながら、自分の考えや気持ちなどを、簡単な語句や基本的な表現を用いて伝え合うようにする。

これを前述の「聞くこと」の目標と関連づけると以下のようになる。

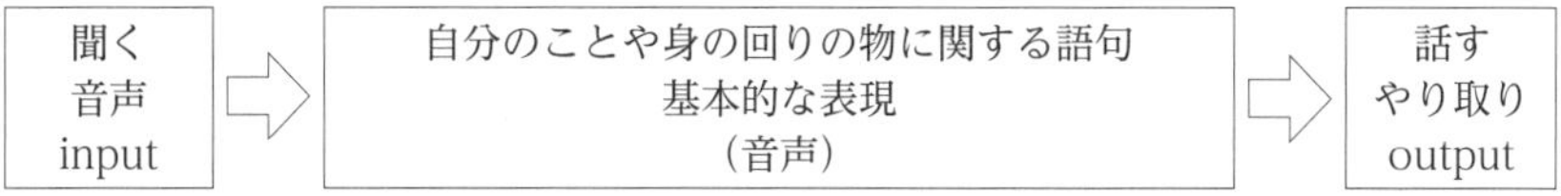

図1　「受信（input）」から「発信（output）」に進むプロセス（文部科学省、2018より編集）

従って指導においては、まずインプットとして自分のことや身の回りの物を表す簡単な語句や身近で簡単な事柄に関する基本的な表現について、実物・絵・写真・人形・ジェスチャー等を交えて豊富に受信させ、言語活動を通じて語句や表現に慣れ親しませ、それらを用いたアウトプット活動を通じて発信させる、という手順を常に意識することで児童にとって無理のない定着が進むであろう。

2. 学習指導要領中の「音声→文字」に関する記載

次に音声から文字に関する記述を見ると、前述外国語活動の「聞くこと」の目標の中に以下の記述がある。

ウ　文字の読み方が発音されるのを聞いた際に、どの文字であるかが分かるようにする。

なお「解説編」によると、「文字」とはアルファベットの大文字・小文字を指し、「文字の読み方」とは、アルファベットとしての文字の読み方を指す、としている。つまりA, aは/ei/、B, bは/bi:/を指すことになる。上記目標の記載からは「音声（発音されるのを聞く）」→「文字認識（どの文字か分かる）」という順番が読み取れる。つまり/ei/と聞いてそれがアルファベットのA, aのことだと認識できるようになることを目標の一つとして設定していることになる。

ところで小学校外国語活動教材*Let's Try*におけるアルファベットの扱いを確認すると、大文字・小文字の取扱いについては*Let's Try 1*のUnit 2から絵のすぐ近くに大文字・小文字を合わせて提示している（しかしそれを「読ませる」活動にはしていない）。またアルファベットがUnitの主題となっているのは、大文字が*Let's Try 1*のUnit 6、小文字が*Let's Try 2*のUnit 6である。ここから、小学校3年のUnit 5までは、大文字・小文字を両方使って「絵など＋文字のチャンク（基本的表現や語など、何らかの意味のある固まり）」をセットで提示することで、語彙を増やすとともに「音声チャンク」と「文字チャンク」をセットとして暗示的に慣れ親しませる。その上でUnit 6においてまず大文字を明示的に取り上げ、/ei/→A、/bi:/→Bなどと認識できるようになることを目標の一つとする、という流れが読み取れる。またUnit 6では【Activity】としてクラスメートの名前の頭文字をターゲットとした活動が掲載されているが、ここから単語の頭文字をきっかけとして「音声チャンク」と「文字チャンク」の明示的結びつけを始めよう、という意図も感じる。

この後は*Let's Try 2*のUnit 5まで、「音声チャンク」と「文字チャンク」のセット提示をさらに継続する中で児童の語彙を拡大しつつ音声と文字の結びつきに関する気付きをさらに喚起し、Unit 6で今度は小文字を明示的に取り上げ、/ei/→a、/bi:/→bなどと認識できるようになることを目標の一つとする、という流れを想定しているようである。さらに【Activity】では「絵＋セット」と「級友による英単語発話」をつなげる活動が組み込まれており、「音声チャンク」と「文字チャンク」の明示的結びつきがより意識化されることになる。なお

Unit 7では【Let's Listen】として、絵と文字が上下に分けて提示され、音声を聞いて二つを結び付ける活動が掲載されているが、この段階では「音声―文字のみ」というセットに慣れさせる活動を始める時期であることも示唆されている。ここまでのプロセスを図にまとめると以下の通りとなる。つまり絵やジェスチャーなどをある種の橋渡し（scaffold）として活用しつつも、2年間を通して「音声→文字」という順番に従った教材構成となっていることが分かる。

	自分のことや身の回りの物・基本的表現		
	音声	→	文字など
1	音声チャンク	→	絵・ジェスチャー等 （文字もチャンクとして添付）
2	アルファベットの読み方	→	アルファベット大文字の明示的認識
3	音声チャンク	→	絵・ジェスチャー＋文字チャンク （大文字のみ/大文字＋小文字）
4	アルファベットの読み方	→	アルファベット小文字の明示的認識
5	音声チャンク	→	文字チャンクのみ

図2　音声から文字に進むプロセス（*Let's Try 1*、*2*より編集）

重要なのは、最初の段階では絵・写真・実物・ジェスチャーなどを積極的に併用することである。音声と文字だけでは単なる記号のやり取りに過ぎない。それらが表す物や意味、さらに使われる状況や感情が関連し合うことで初めて意味を持った言語として使用する必然性も生まれる。その上で「受信（インプット）→発信（アウトプット）」、「音声→文字」という提示順を守ることで、言語習得過程に則った無理のない言語学習の基礎が培われるのではないだろうか。

＜課題＞

「小学校学習指導要領外国語活動・外国語編（平成29年公示）」中の「言語活動及び言語の働きに関する事項」の記載事項の中で受信、発信、音声、文字の指導順に関して記されている部分を確認してみよう。

Unit 10　国語教育との連携等によることばの面白さや豊かさへの気づき

[目標] 国語教育との連携によることばの面白さや豊かさへの気づきについて理解し、指導に生かすことができる。

1.「黒い目のきれいな女の子」の意味

英語教育と国語教育の連携を図る際に考えたいことは、日本語に対する言語感覚を育てておくことである。私たちが日常何気なく話している日常会話の中の文をサンプルにとって、その文の意味をよくよく考えてみるとなんと意味的に曖昧な文を発話していることが多々あることか。そのことに気づくことがまず必要ではないか。

その典型例がこの「黒い目のきれいな女の子（がいた。）」という文である。日常会話の場面で交わされる可能性のある文である。しかしこの文には談話、文脈から切り離して単文としてその意味を考えるといく通りかの意味をくみ取ることができるのである。詳しくは、木下（1981）、田中耕治他（2012）を参照されたい。

そこで、この文は何通りの意味に読めるか、と子どもに問うた。これはすぐれた言語教材である。このたった11文字の文は少なくとも次の8通りの意味をもつという驚くべき事実がある。子どのたちにことばに対する興味・関心を喚起する格好の教材ではないかと思う。具体的には、少なくとも次のような意味をとることができると思われる。

① 黒い目のきれいな、女の子（黒い瞳がきれいな少女）
② 黒い目の、きれいな、女の子（黒い瞳をした美しい少女）
③ 黒い、目のきれいな、女の子（色が黒くて目のきれいな少女）
④ 黒い目のきれいな女の、子（黒い瞳がきれいな女性の子ども）
⑤ 黒い目の、きれいな、女、の子（黒い瞳をした美しい女性の子ども）
⑥ 黒い、目のきれいな、女の、子（色が黒くて目のきれいな女性の子ども）
⑦ 黒い、目のきれいな女の、子（目のきれいな女性の子どもで、色が黒い）
⑧ 黒い目の、きれいな女の、子（美しい女性の子どもで、瞳が黒い）

日本語の表現、ここでは、「黒い目のきれいな女の子」という表現はひとつひとつの語は見た目はただ並列に並んでいるものの、ただ単に語が横に並列に並んでいるのではなく、そこには文の構造が潜んでいる、階層性がある、ということを理解することができればしめたものである。

そこで、その階層性については、ここでは読点で示した。小学校高学年であれば、曖昧な文を読み分けることはできると思われるが、まず、曖昧文を読み解き、曖昧文をなくすためには、「曖昧な文や多義的な文をなくすためには読点による区切りが必要だ」という考えにつながればことばに対する、日本語に対する言語感覚を醸成できるのではないか。

このように、まず日本語に対する、日本語を活用した言語に対する感覚を育てていくことが国語教育と英語教育の連携の第一歩ではないか。

2. 数えられる名詞と数えられない名詞

前項に引き続き言語感覚を育てる、という点に関して日本語と英語で大きく異なることで、さらに、日本人が英語を学習する際に混乱する、誤解する、誤用するものの中のひとつに、英語において数えられる名詞と数えられない名詞の存在がある。

さらに同じ単語においても数えられる場合と数えられない場合があり、その場合、単数形と複数形では意味が変わるなどという複雑な現象が起こる場合がある。その典型例をいくつか示したい。次の表を確認願いたい。

ここでは、久野暲・高見健一（2004）と丹羽牧代・丹羽卓・地蔵繁範（2019）を引用・参考にして説明する。

arm	腕	arms	軍隊
custom	(C) 習慣的行為 (U) 習慣、慣習	customs	税関
interest	(C,U) 関心 (U) 利害関係、利子	interests	利益
part	部分、一部	parts	地域、部品
term	用語、期間	terms	条件、間柄

また、動詞や形容詞であった語の品詞が名詞に変わって複数形になり、さら

に意味が変わる場合もある。

fall	(動詞) 落ちる (名詞) 落下	falls	滝
good	(形容詞) 良い	goods	品物、財産
look	(動詞) 見る (名詞) 外見、一瞥	looks	容貌
ruin	(動詞) 破壊する (名詞) 破壊、崩壊	ruins	遺跡、廃墟

以上の様に、英語の名詞には、単数形と複数形があり、その単数形と複数形で意味も異なる場合があることを理解しておくことは、日本語との比較でひとつ大切な要素である。

さらに、この単数形、複数形によりその区別を明確にしないと日本語では考えられない奇妙な英語文になることがあるので、ここで確認したい。

a. I have a cat.
b. I like an orange.
c. I eat an orange every morning.
d. I ate an orange.
e. I like oranges.

これらの英文には意味的に問題がある文と考えることができるものが含まれている。aの英文は自然なのに対して、bの英文はネイティブ・スピーカーにとっては少し奇妙な英文であるかもしれない。すなわち、「猫を一匹飼っている」のはよくあることなのでaの英文は自然であるが、「オレンジが1つ好き」という状態はとても不自然に感じることになると推測できる。

しかし、この英文をあえて解釈してみると、「君は知らないだろうが、ぼくはある特定のオレンジが好きなのです」という意味にとることができないでもないが、不自然である。一方、cの英文は、ある習慣を表現している文であると考えることができて、「毎朝1個のオレンジを食べる」習慣は不自然なものではないと思われる。

また、dの英文のように、ただ単に過去の事実である「オレンジを1つ食べた」

ということを表現しているだけであれば、不自然には感じすることはなく自然な表現と考えることができる。さらに、「私はオレンジが好きです」というのであれば、通常、eの英文のように表現することになる。

ここで確認したいことは、英語の場合、これらの例からも分かるように、名詞が単数形であるか複数形であるかによって、その名詞の意味そのものも変わる場合があることと、文の意味解釈にも影響を与える場合があることを確認しておく必要がある、ということである。

日本語の語形には明記されないこの単数形と複数形の区別は英語を理解していく上で非常に重要な概念であることがわかる。

3. 意味順による語順に対する言語感覚の育成

田地野彰氏が、その著著『NHK基礎英語「意味順」書き込み練習帳』(2014)で説明している意味順は興味深い。難しい文法用語にとらわれることなく、「だれが」「する・です」「だれ」「なに」「どこ」「いつ」という“意味の順序”を考え、意味順によって自然と英語の感覚が身につく、という。非常にシンプルな学習法である。“意味の順序”が身につけば、英作文や英会話でも伝わる英語が組み立てられる。具体例は次の通りである。

この日本語を英訳してみましょう。使う単語はヒントとして表示してあります。

We	on Monday	English	study
私達は	月曜日に	英語	勉強する

⬇

意味順ガイドに従って英単語をあてはめていくと、正しい意味の順序で英文を組み立てることができます。

だれが	する・です	だれ	なに	どこ	いつ
We	study		English		on Monday
私達は	勉強する		英語		月曜日に

＜課題＞

語レベル、文レベルそれぞれにおいて日本語と英語の違いを典型的に表すことができる例を探し出して教材化してください。

＜COLUMN 3＞

小学校英語から中学校英語導入期における英語の授業

英語を習得するためには、インプット（聞くこと、読むこと）が大切であるということは、言語習得においてほぼ常識となっています。生徒にインプットする機会を充実させ、どのようにして英語を習得させるか悩みながら授業を改善しています。その中で、分かったことは、小学生も中学生もきっと「英語を好きになれば、英語の力が伸びる」、そして、「英語を読めるようになると、苦手意識がへり英語が好きになる」ということです。

授業中に生徒が英語を読めるように、フラッシュカード（英単語と日本語が裏表に印刷されている紙）を使って、単語の発音練習をします。具体的には、最初、生徒に綴り字を提示して、まず生徒自身に読ませ、その後に教師がモデルを示し、再び生徒に読ませます。新出語句を最初に生徒自身に読ませるのは、生徒が新出語句を予測して読めるようにするためです。

教科書の本文については、文法の説明や日本語訳の指導を終えた後に、教師の読みに続いてリピートさせます。その後、生徒は三方読み（生徒が右を向いて本文全体を読む。同様のことを後ろ、左を向いて行い、3回読むことができた後に座る活動）を行います。そして、十分に音読練習をした上で、さらにその音読練習を宿題とします。宿題は10回読むと、教科書のアイコン□（四角）を塗りつぶすというもので、□は5つあり合計50回読むことになります。「読める自信がある人は回数を減らしてもよい」と生徒に伝えると、生徒は自分に合った音読練習をします。次の授業では、一番音読に自信のある生徒（読んだ回数が少ない生徒）が代表として音読を行い、教師が正しく読めているかを確認します。

この様な活動に継続的に取り組んだ結果、生徒が自分の英語の力が伸びていることを実感し、授業を肯定的に捉え、そして意欲的に授業に取り組んでいるのです。つまり、中学校英語の導入期には、「読むこと」を中心に授業を組み立てることで、他の技能（「聞くこと」「話すこと」「書くこと」）にも力の伸びを実感させることが可能なのです。現在の生徒の意欲を維持、向上させるためには、小学校での指導を踏まえつつ、この「読むこと」の指導を確保、継続させることが、生徒にとって大切なことだと思うのです。

（久保　孝彰）

第 2 部

授　業　実　践

第 3 章

指　導　技　術

Unit 11　英語での語りかけ方

［目標］児童の発話に繋がるよう、効果的に英語で語りかけることができる。

1.「宣伝的知識」vs.「手続き的知識」

数年前まで、一般的な社会人に、外国語をどのように習えばいいのかを質問すると、大体、「文法をよく勉強して、単語も増したほうが良い」と答える人が多かった。しかし、実際に「話す力」、「聞く力」及び「運用力」の観点から見た時、それらでは不十分である。この場合、言葉の知識を「宣伝的知識」と「手続き的知識」に分けて考えれば、良くわかる。最近まで、外国語学習は、動詞の活用、時制の違い、綴り、単数・複数形などについての知識の勉強が中心であった。このような言葉に関する知識・説明力は「宣伝的知識・declarative」と呼ばれている。「declare」というのは「宣言、発言、報告」というような意味である。学習者がその言葉に関する項目を知識として覚えれば、最終的に紙媒体の期末試験では良い成績が取れよう。しかし、現実には、何年も勉強したのに実際にはあまり話す力がないと言う学習者が多い。

一方、「procedural knowledge・手続き的知識」とは何かできるような力・知識・ノウハウのことである。その由来を詳しく説明することはできないかもしれないが、それを使う技術は身についている。授業ではこの二つの知識のバランスが大切である。それらの知識をバランスよく、身に付け、慣れ親しむための練習、やり取り、発表の活動がないと「宣伝的知識」に止まってしまう。野球なら、監督や先輩の話を聞いてすぐ練習を始めた方が良い。ピアノをひくこと、自転車に乗ることも同じである。モデルを見て、指示を受けながら、実際に練習するという点では英語教室の中でも同じところがある。このような環境を保つことが大切である。小学校段階では説明よりは良いモデルが欲しい。Classroom Englishを使って、児童を英語の指示などに、しっかり慣れ親しめせたい。教師が2分から3分ほどのSmall Talkを紹介すれば、自然の英語にも慣れ親しませることができる。

2. 環境づくり

児童の発話に繋がるために、効果的に英語で語りかけることができるこようになる上で、欠かせないのはクラスルーム・イングリッシュである。まずに、「効果的に」という表現について検討したい。小学校の英語教室では、どのような「効果」が望ましいのか。第2章ユニット7で述べたように良い効果を得るには先ず、教員同士のモデルの英語に、英語らしい正しいstress（強勢）が置かれていることが大切である。さらに、第2章ユニット8で紹介したように、教員同士だけではなく、児童間のやり取り・会話にも、繰り返しと確認などを取り入れると、更に自然な英語のモデルとなる。会話の構成を意識して練習したほうが効果的である。教室で、毎回、繰り返して、自分の発話及び相手の発話に対して、適切に対応する力があれば、児童生徒が英語の力をつけていくはずである。小学校の英語の教室で、他に「効果的な」英語での語り方を目指していく場合、何に気をつければ良いのであろうか。次のチェックポイントをお勧めしたい。

a）チェックポイント　Classroom English

クラスルーム・イングリッシュとは、主には教室でその場面にあった英語の表現を使うことである。授業に使う英語を事前に調べて、その場面・活動に合った表現を決めて、ALTなどとのモデルを準備する。児童に、教員とALTなどとの活発な挨拶・やり取りを見せることは、とてもいい仕掛になる。その場合、子どもの発達段階に合った英語を選び、大切なのは、はっきり分けて、この活動は英語で行い、その活動は日本語で行うという心構えである。このようにして、児童に教室内の2つの言葉を上手に利用できるバイリンガルの楽しさを経験させても良い。その言葉の選択・切り替えに児童が好奇心を表すかもしれない。ガイドブックにも「英語の授業の雰囲気づくりとしての意味合いが強い。また、教師が積極的英語を使用することにより、児童が一所懸命に教師の英語を聞こうとする態度を引き出すことになる。指導者（日本人の教師）も英語を使う良いモデルとして、授業中の指示や質問にできるだけ英語を使うように努力したいものである。」と記載してある（ガイドブック、p.118）。

挨拶、天気、授業の開始、活動、ゲーム、子どもへの指示など、励まし、授業の開始や終わりは全て英語で話したほうが良い。もうひとつのやり方は教師が言った後、児童に内容を短く言い返してもらうという方法である。

b）チェックポイント　Small Talk

児童が少しずつ英語の話に慣れてゆき、その後、短いながら自分で英語のコミュニケーションを図ろうとしていく活動がSmall Talkである。Small Talkとは、高学年教材で設定されている活動である。2時間に1度程度、帯活活動で、あるテーマのもと、指導者のまとまった話を聞いたり、ペアで自分の考えや気持ちを伝え合ったりすることである。また、5年生は指導者の話を聞くことを中心に、6年生はペアで伝え合うことを中心に行う。」(ガイドブック、p.130)

5学年のSmall Talkの一例は以下の通りである。教師がそれにジェスチャーをつけて、途中で児童からの質問を聞いて、やり取りをすれば、話しの内容がわかり易くなる。こういうインプットに対して、児童が内容を推測して、対話をすることにより教師と内容を確認できる。教師の大量のインプットに対して、児童のアウトプットは少ない。

Unit 7 Where is the treasure?

T: Look at this. This is my treasure. My treasure. What is it? Can you guess what it is? A letter. Yes, that's right. A letter from who? What gave it to me? A friend? My friend? Yes, that's right. This is a letter from my friend, Chiharu. She was my best friend in elementary school. We were very good friends. Then she moved away to Hokkaido with her family. We said goodbye. I was very sad. She gave me the letter. And it's very important to me!　(ガイドブック、p.132)

そのSmall Talkが終わったら、指導者が質問をして、子どもとやりとりをして、児童が英語で言いたいことを日本語で引き出す。そのSmall Talkを2、3回も紹介してもよい。

6年生の場合、児童同士のやり取りが中心となる。

Unit 9 Junior High School Life

S1：What club do you want to join?
S2：I want to join the newspaper club.
S1：The newspaper club? I see. I want to join the tennis club.
S2：Can you play tennis well?
S1：I'm not good at tennis. But I like tennis.　　　(ガイドブック、p.132)

会話が繋がるように、S1とS2言われたことを短く言い返して確認している(下線部)。これにより、取り調べのような一方的な質問ではなく、相手を十分に配慮しながら会話ができていくようになる。

c) チェックポイント　Avoid shadowing (すぐに和訳をつけずに行うこと)

Shadowingというのは、授業中に英語の指示や表現の後にすぐに和訳をつけるということである。教員とALTが会話や単語及びやり取りを紹介する際、児童がついていけない・わからないようにみえる時、すぐに日本語に直して説明した方がいいと思う時がある。しかし、児童がわからない英語の表現などをすぐ日本語に直したら、児童がその英語を聞こうとしない習慣・結果になってしまうことが多い。つまり、慣れ親しんでいくのではなく、英語で聞こう・理解してみようという態度から離れることになる。このような場合、下記のような点を意識したらshadowingの回数が少なくなろう。

・まず児童の英語のレベルに合った良いモデルを準備する
・可能なら、ALTなどと事前打ち合わせする
・児童がわからないようなら、もう一度、もっとゆっくりと話してみる
・何回も繰り返しても良い
・英語で聞くことについて、児童同士で確認してもらう

d) チェックポイント　Model rather than explain (説明よりモデル)

「音声から入る」と言う文言が多々指導要領に記載されている。説明よりデモンストレーション・モデルを通して定着させるという意味である。児童にことばを吸収する力があり、教員が焦らず、長期間に渡り計画的に繰り返して紹介しながら、モデルを見せて、練習・やり取りをした方がよい学習になる。説明

が中心となれば、「英語」ではなく「英文法」の授業にはなる可能性が高い。

e）チェックポイント　Meaningful practice（必然性のあるやり取り）

児童に身近なもの・テーマ・活動・やり取りなどは選ぶ必要がある。可能なら、児童に選択の余地を与えてもよい。やり取りを練習した後、児童に相応しい場面・内容を設定しよう。運用力というのは、効果的なコミュニケーションを実現するための言語の使いこなす能力である。その中に、児童に合った場面を考える必要がある。ガイドブックには「単語　→ 表現　→ やりとり　→ ゴールの活動」という順番になっている（ガイドブック、p.177）。一方、教員のモデル→児童同士の練習→途中評価・質問等→児童に合った場面という順番でもよい。テーマの紹介と練習が終わったら、できるだけ児童の身近な、興味のある話題に関連づけることができれば、意味のあるやりとりになり、定着する可能性が高くなる。

f）チェックポイント　Encourage, praise（励まし、褒め言葉）

子どもにとって外国語を勉強するのは簡単ではない。難しいと思う子どもに教員やクラスメートなどからの励ましの一言がとても大切な役割を果たす。英語を自由に楽しく使ってみる環境づくりには「がっかりしないで」、「私たちはみな頑張っている」「みな、応援している」などのようなメッセージをお互いに送る必要がある。こう言われた子どもは、必ず笑顔になる。教室で児童に語りかける時には、励ましの言葉をよく使ったほうがよい。「That's good!」を使う教員が多いが、それだけではなくて、バライエティにとんだ励ましの表現を使えば子どもは聞き飽きない。例えば、次のような文部科学省「実習編　クラスルームイングリッシュ」からの一部の例文を紹介する。

励ましの言葉　Words of Encouragement

あきらめないで。	Don't give up.
心配しないで。	Don't worry.
よく頑張ったね！	Nice try! Good try!
惜しい！	Close! Almost!

がんばって　Good luck! Do your best.
君ならできるよ。　You can do it.
焦らないで。　Take your time. Don't rush.
文部科学省「実習編　クラスルームイングリッシュ」HP、p.123より

g）チェックポイント　recast and check（言い返しと確認）

児童に良いやりとりや会話のモデルを見せるには、ALTとの英語での指示などを繰り返して確認したほうが効果的である。基本英会話をALTと教師が二人で、子どもに紹介するときにも使える。大切なのは、言われたことを短く言い返すことである。ガイドブック（p.124、基本英会話）に、教員とALTが打ち合わせ及び授業中に使える表現が記載されている。これにrecastをつければ、児童にとって良いインプットのモデルになる。授業中にALTと英語で話す場合、HRTがキーポイントを言い返して、確認できて、その課題・テーマが広まったら子どもに良いモデルになる。例えば、

HRT：　How was today's class?
ALT：　The kids did very well. I liked their big voices.
HRT：　I see. Thank you very much.

これにrecastとcheckをつけると、

HRT：　Smith-sensei, can I ask a question?
ALT：　Sure, Kagawa-sensei.
HRT：　How was today's class?
ALT：　The kids did very well. I liked their big voices.
HRT：　Good clear voices? Anything else?（言われたことを言い換えて
ALT：　They all like English.　確認する）
HRT：　Yes, our English class is fun.（言われたことを言い換えて確認する）
ALT：　OK, thank you. See you next week.
HRT：　Yes, thank you. Good bye!

同様に、教員と児童とのやり取りの場合、質問を聞いて、単純にそれに答え

るという練習よりは、お互いにキーポイントを確認して、その後できれば、テーマを拡大すれば、必然性のある自然のやり取りになる。

児童が間違ったとき、訂正より「recast」（言い返し）が長期的にいうと効果的である。Recastというのは、間違った表現などを確認するために言葉を言い換えて聞いてみるということである。例えば、児童が「I no like apple」をいうと、教員が「You don't like apples?」というように聞いてみて、正しい「apples」という複数形の単語が入っている表現を使って確認する方がが自然で効果的である。それにより、いずれ児童が「apples」が正しいということに気づくはずである。

h）チェックポイント　Tolerance of mistakes, new things（寛容な気分）

子どもにとっては、間違いや知らない単語・ものが多い。意外に知らないことに慣れている。英語もただその知らないものの一部であろう。大人になると、知らないことがあったら、違和感を強く感じることが多い。しかし、子どもはそれよりは「好奇心」という反応を示すことが多い。指導要領にある「英語を聞いて何となくわかった」ことを、幅広く授業で育成する方が長期的には、効果的である。わからないとき、児童に次の表現をモデルして使ってもらうことも効果的である。

もう一度行ってください。	Pardon me? Could you say that again?
手伝いましょうか。	May I help you?
［大きな声で／ゆっくり］話してください。	Speak [up/slowly].
それについて考えなさい。	Think about it.
ここを見なさい。	Look here.

文部科学省「実習編　クラスルームイングリッシュ」HP、p.121より

3. まとめ

外国語を趣味で勉強している大人の動機付けに関する研究によると、理由は様々である。目的語が使用されている現地に行きたい、その言葉の文化が好きである、仕事に役に立つ、理由は様々である。さらに、先生が好き、一緒に勉強している人々が好きという理由も少なくはなかった。子どもも同じである。児

童に語りかけるとき、クラスルーム・イングリッシュをはじめ、繰り返し、確認することと褒めることが中心となっている教室なら、とても良いスタート・素地・基盤であって、児童が話しやすい・発表しやすい環境になる。「実際に英語を用いて互いの考えや気持ちを伝え合う」ということが目標の一つである。上記に紹介しているチェックポイントを授業に取り入れたら、児童の発話に繋がり、効果的に英語で語りかけることができるようになろう。

＜課題＞

1. 5年生にWho is your hero?についてSmall Talkの話を作成してください。ジェスチャなども考えて下さい。
2. 児童の答えがおしい時のクラスルームイングリッシュを作って下さい。
3. 5年生のMy TreasureというSmall Talkを導入する場合、児童に聞く質問などを作成して下さい。
4. 6年生用に会話のトピックを選び、短いSmall Talkを作成して下さい。

Unit 12　児童の発話の引き出し方、児童とのやり取りの進め方

[目標] 児童の英語での発話を引き出し、児童とのやり取りを進めることができる。

1. 発話のモデル

児童が言葉を身につける過程で欠かせないことの一つは環境である。児童が教室外で使っている日本語ではなく、英語でものごとを理解し、言ってみる力や勇気を与える環境を作らなければならない。そのためには、場面設定が大切である。児童から英語の発話を引き出すには、児童に身近でわかりやすく、面白い、さらに好奇心がでるテーマが望ましい。教室は、英語が中心となっている世界になる。児童がその教室に入ると、主に英語でやり取りをすることになる。HRT、ALT、地域の英語が堪能な方との会話、やり取り、モデル、仕掛けが、英語への入り口にはとても大切である。児童から英語の会話を引き出すこと、および児童とのやり取りを進めるために、わからないことを調べてみることが欠かせない用件となる。児童がわからないこと、調べてみたいこと、推測したいことを英語で聞くことによって、教室がより活発な必然性のある「英語の世界」となる。

2. 調べたい・知りたいことなどを自力で聞くことのできる力の育成を

長期的にいうと、児童はいずれ将来、教室外で、英語を用いてコミュニケーションができることを目指している。授業で練習したことを自信を持って積極的に話し合える、伝え合えることの素地を育てる必要がある。授業でALTと教師とのやり取りがよくできて、児童同士の練習・活動も活発にできたとしても、授業終了後、児童が実際に外国人と英語で、さきに練習したのと同じ質問をしてみたら、うまくいかないことは多々ある。そういうときに児童はどうしたらいいのだろう。

インプットについて、最初は大きな二者選択を考える必要がある。聞き取れる場合は、言い返して、確認して、リアクションして、コメントする。もう一方

は、わからない場合でも、何かを聞いてみるという選択である。現実でもわからない時、何かを答える必要がある。沈黙という選択肢はない。小学校の英語教室でこういった時のコミュニケーション能力の基礎・素地の一部も授業に取り入れる必要がある。わからない場合、もう一度言ってもらうこと、意味を尋ねてみること、つづりなどを尋ねる力があれば、児童が発話の数・範囲が増えるはずである。児童とのやり取りをさらに上手に積極的に進めることができる。

日本人の教員とALTのやり取りのモデルの会話ややり取りによく使われる以下のような表現を使って、毎回、諦めず、お互いが理解しあえるまで「頑張る」ことをモデルにしたら、児童も同じような表現を徐々に使えるようになるし、慣れ親しみながら定着をしていくはずである。

ア) Pardon me?　すみません。なんと言いましたか。

イ) Excuse me, what's that?　それはなんですか。

ウ) I'm sorry. Could you say that again?

すみません。もう一度行って下さい。

エ) How do you spell (that, your name, etc) ?

(名前など) どう書きますか。

オ) I'm not sure.　よく知りません。わかりません。

ガイドブックのp.57に5年生の年間指導計画例（案）に「How do you spell it?」の例があります。下記の通りである。

S：　Hello, I'm Saki.

K：　My name is Kosei.

S：　Nice to meet you. How do you spell it?

K：　K-o-s-e-i.

とても良い例である。このような質問ももっと早い初期段階から紹介しても良いと思う。吉田によると、

「児童から「先生、〇〇は英語でなんと言うのですか？」という質問があった際、それを言うための語句や表現が既習のものであるならば、学級全員に「なんと言えると思いますか？」と問い返し表現を想起させる指導を大切にしたい。そして、想起して答えた児童に対しては、“Nice idea!” など想起したこと自体

を大いに認める (2018、p.33)。

母語を使う場合、分からないことがあれば、何も言わないまま、沈黙を選ぶ子どもは少ない。すぐに「何ですか」を尋ねてみる子どもが多いではなかろうか。教室でも同様に、その「何ですか」を尋ねる力、好奇心、勇気づけの素地を育てることは大切である (cf, Maybin & Bergschneider, 1992)。こういう表現を最初から活動と授業に取り入れて、子どもがこれに慣れ親しみ、積極的なやり取りになり、児童とのやり取りも引き出すようになる。学年ごとに聞く力の表現を増やしていく。質問を聞く子どもにスティッカーなどを与えれば、さらに必然性のある対話的なやり取りになってゆくはずである。

3. 確認したい・聞きたい時の児童の発話の引き出し方・進め方

外国語を話してみる児童は受け身になることが多い。大量のインプットに対して、少量のアウトプットという過程からみれば、それは自然の流れとも言える。インプットがわかっている場合、答えやすい。しかし外国語の場合には、わからない場合も多い。児童からの発話を育成するには、児童自ら、その入ってくるわからないインプットを自力で解決する表現を身につけたら、更に児童のアウトプットのレパートリーが増えて、自信もつくはずである。そうすれば、教室でのやり取り及び活動などがもっと実践的なもっと積極的、必然性のあるやり取りに近づいてゆく。

やり取りの進め方　学年ごとの具体例

インプットのわかる場合、少しずつコメントなどが増えていく。わからない・聞きたい場合でも、その質問を少しずつ増やして、会話を引き出しながら進めてゆく。

第3学年　　　(自己紹介、名刺交換など)

S1：Hello. What's your name?

T ：Hello. My name is Gary.

S1：Pardon me?

第4学年　　　(自己紹介、名刺交換など)

K ：Hello. What's your name?

H：　Hello. My name is Gary.

K：　Excuse me. How do you spell that?

第5学年　　　（自己紹介、名刺交換など）

K：　Hello. What's your name?

H：　Hello. My name is Gary.

K：　Excuse me. Your name, how do you spell your name?

H：　G-A-R-Y.

K：　G-A-R-Y. Gary. I see. Thank you.

第6学年　　　（買い物ごっこなど）

H：　Hello, Kazu. What would you like?

K：　I'd like pirozhki.

H：　Pirozhki? Pardon me? I don't understand. What's that?

K：　It's a small cake from Russia. Pirozhki. Very nice.

H：　A small cake? I see. Thank you.

意思疎通が成立するには上のHくんが「Pardon me?」、「What's that?」を聞き、さらに「I don't understand」を言っている。言われたことの言い返しと確認もあった。これは英語のやり取りに主体的に、対話的に取り組むための態度の第一歩である。将来、自力で問題を解決するために必要な思考力、判断力、表現力にも繋がる。

4. 児童の発話の引き出し方・進め方

会話がスムーズにいくには言い返し・確認は大切である。言い返したら、課題を展開していって、会話を引き出して、スムーズにいくことにつなぐ。

第3学年　　　（自己紹介、名刺交換など）

T：　Hello. What's your name?

S：　Hello. My name is Kohei.

K：　Hello, Kohei. Nice to meet you. My name's Jim. Where are you from?

第4学年　　　（自己紹介、名刺交換など）

T：　Hello. What's your name?

S : Hello. My name is Kana.

K : Hello, Kana. Nice to meet you. My name is John. I'm from Australia.
Where are you from?

第5学年　（歌の導入）

T : OK, everybody. Let's sing a song now. Do you like songs?

S : Yes!

T : OK. Which song would you like? Which ones do you know?

第6学年

T : Hello, Kazu. What would you like?

S : I'd like pirozhki.

T : Pirozhki? Oh, the Russian small cake. It's like Japanese *manju*.
Do you know *manju*?

会話の力、コミュニケーションを育成するには答えを3文章にしてもよい。取り調べのようにならないために、「プラス・アルファ」の文章をつけた方がよい。

5. 綴りを推測してみよう

文字導入でつづりを紹介する時、子どもが推測して質問を聞いて確認できる。例えば、自分で児童がつづりを「How do you spell …？」を使って尋ねた時、教員がヒントをいくつか与えればよい。それによって、答えを推測してもらうようにする。

The first sound is /b/.　（ビビビというように音をしながら）
The first letter is (B/b).　（空中で文字を指で言いながら）
(B/b)　（何も言わずに空中で文字を指で描きながら）
It has six letters.　（ジェスチャーしながら）

このように子どもと対話的に英単語のつづりを紹介してよい。

6. まとめ

児童にも大人にも、外国語でも母語でも、わかる部分に対してや、わからない部分に対しても、聞く力・運用力が欠かせない。初期段階からでも、それを対話的に授業に取り入れて、まず教員とALTのわからない時の表現が入ったやり取り・会話をモデルすれば、少しずつ児童も慣れていくのである。それにより、児童にとってやり取りがもっと「comprehensible」なインプットにもなる。それにより児童から発話を引き出す回数も多くなる。英語で発話することに対してもっと自信がつく。インプットで言われたことがわからなくても、児童が質問を聞いて、参加できるような雰囲気が大切である。子どもは知らないことに対して好奇心深い。この好奇心を使って早い段階から子どもが自力で尋ねる力を育ててゆくのがよい。そうすれば、主体的に対話をする深い学びになる。

＜課題＞

展開例を作らせるような課題に

1. 児童が自力で質問などをできない場合は、どのようなやり取りになりますか。
2. 教員、児童、ALTと話すときのCAN DOリストの質問に答えて下さい。
   - ・言われたことがわからない時、なんと言えばよいでしょうか。
   - ・知らない単語・表現の意味を聞く方法はなんでしょうか。
   - ・言われたことを短くまとめて、キーポイントを言い返して確認できますか。
   - ・単語の綴りを聞くときはどう言いますか。
   - ・答え、単語などを知らない時、どう表現すればよいのかはわかりますか。

Unit 13　文字言語との出合わせ方、読む活動・書く活動への導き方

［目標］文字言語との出合わせ方、読む活動・書く活動への導き方について理解し、指導に生かすことができる。

1. 文字言語との出合わせ方：外国語活動（小３～４）

アルファベット文字は学校外でも数多く目にする。店の看板、新聞等の広告などにロゴマークとして日常的に使われている。さらにテレビ等ではBGMとともに商品名や会社名のロゴマークが呼び名とともに繰り返し音声で流れる。それを見聞きしているうちに、ロゴマークが商品名・会社名などを指す一つの意味のある固まり（文字チャンク）であると認識し、同時に流れている音声はその呼び名（音声チャンク）である、と認識するようになる。つまり児童は小学校で外国語活動を学ぶ前に、アルファベットに無意識に出合っていることになる。小学校外国語活動教材*Let's Try*でもアルファベットについてのUnitまでに似たような仕掛けが使われている。

（1）*Let's Try 1*: 教科書名、Unit １～４

まず表紙で'Let's Try'というタイトルとしての文字チャンクに出合う。タイトルはある種広告のロゴと同じで特に細かい説明は不要である。これに教員が音声で/lets trai/と示し続けることで音声と文字がつながることになるが、結果的に文字と出会っているという事実があれば十分である。これは単元を示すunitという語、各単元タイトル、各活動名についても同様である。Unitに数字がついていることで、「課、章」に相当するものかもしれないことが何となく分かれば十分であり、単元のタイトルも一つのチャンクとして、該当単元を学習する中で音声と合わせて繰り返し接していればよい。Unit 1では「Hello!が英語の挨拶のことかな？」、Unit 3では「How many?は数に関係があるのかな？」程度を考えてくれれば十分である。活動名も、日本語表記の活動内容の説明と実際の活動体験を通じて「こういうことをする時の活動タイトルか」ということに何となく気づければ十分である。さらにUnit 2では会話の定型表現がジェスチャーを示す絵と文字の組み合わせで示されている。このUnitを

通じて児童はジェスチャーの示す振付け、定型表現（文字チャンク）、音声（チャンク）を同一のものとして無意識に認識する（/aidonou/（I don't know.）、/gudaidiə/（Good idea.）、など）ことになる。なおこの時点では文字は振付のタイトル程度の認識があれば十分であろう。具体的に指導される前にいつの間にか接していた、と後から気づくための仕掛け、と考えればよい。

(2) *Let's Try 1*: Unit 5（アルファベット大文字を学ぶ前の段階）

Unit 5では文字で‘fruit, color, sport’という小文字がそれぞれの例を示す絵とともに使われているが、これらは上記a.で示した「タイトル」と同じ役割となる。その前のunitで‘I like’や‘What do you like’に当たる音声による何らかの意味を持つ固まり（チャンク）を繰り返し口頭で練習しており、それらを用いた活動の中で上記3語がつかわれている。ここでは友達の好きなものを予想後に実際のところを尋ね合って絵か何かで書き込むことになる。具体的果物・色・スポーツ名は、添付の絵カードを使えば文字も結果的に目にすることになるが、練習自体は絵を意識しながらの音声発話が中心となるので、児童の頭の中では以下のような整理がされることを念頭に置いているように思われる。

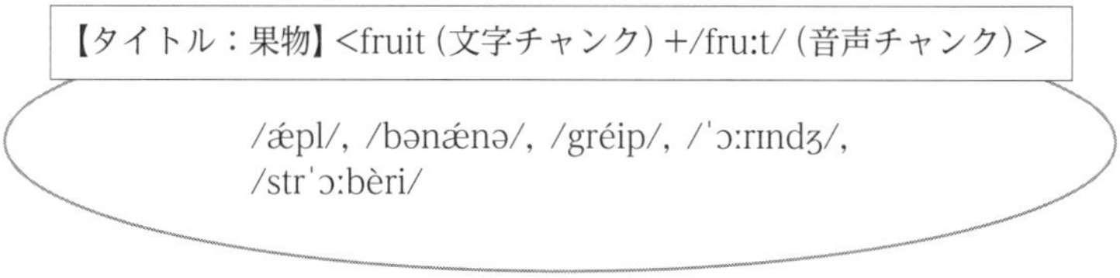

図1　*Let's Try 1*　Unit 5　活用表現に関する頭の中の整理例

(3) *Let's Try 1*: Unit 6: アルファベット全大文字紹介

このunitで初めてアルファベットの大文字26字が、文字の読み方と合わせて示される。最初の見開きページにはある街並みのイラストがあり、店の品物とともに店の種類が大文字のみで紹介されている。この段階ではアルファベットの大文字に慣れ親しみ、文字の読み方を聞いてどの文字か識別できればよい。

(4) *Let's Try 1*: Unit 7-9: 大文字のみ使用の表現、英文（文頭が大文字）

その後Unit 7では大文字チャンク（HAPPY BIRTHDAY, THANK YOUなどグリーティングカード）、文チャンク（カード受け渡し時のやり取り用）、絵・ジェスチャーが、Unit 8は音声チャンクと絵のみが、そしてUnit 9は物語形式で絵・文チャンク・音声が提示されている。Unit 9ではストーリーの推測とともに、文の共通項（I see something ○、Are you a ○？、Yes, I am. I'm a ○.）の発見が可能となっている。特に"I see something ○." "Are you a ○?" "Yes, I'm a ○." により、チャンク内の分化への気づきが可能となっている。

(5) *Let's Try 2*: Unit 2-5

*Let's Try 2*のUnit 2では天候を示す形容詞を「大文字のみ＋絵」で示すことで大文字の復習も可能である。さらにUnit 3では各曜日の略語と単語が大文字で示されている。なお学校生活を示す絵中の授業時間割から曜日を示していることが推測可能となっている。Unit 4では数字を表す12までの音声チャンクとともに世界の都市名が大文字のみで示されている。Unit 5では児童の身の回りにある文房具を示す表現が小文字と音声で提示されている。ここの小文字は次Unitでの小文字アルファベットの紹介を意識しているようと思われる。

(6) *Let's Try 2*: Unit 6: アルファベット小文字

ここでアルファベット小文字の26全文字が紹介されるとともに、絵の中で大文字・小文字の両方が混合して使われ、全52文字に慣れ親しむためのUnit構成となっている。

(7) *Let's Try 2*: Unit 7: 絵と単語の分離

このUnitで初めて単語と絵が切り離されて提示される。絵（野菜・果物）と単語が別々に提示され、音声を聞いて絵と単語を結び付ける活動があり、ここでは単語がもつ意味合いを文字と音声のみで判断・理解することが求められる。

(8) *Let's Try 2*: Unit 8-9: 単語・複合語（小文字）、物語文

Unit 8では学校内施設名が単語や複合語で示され、Unit 9では英文と絵で1日の生活を物語形式で提示している。この最終2 unitsでは次年度の「読むこと」「書くこと」の準備も兼ねて、日本文と英文の違いについて以下の点に気づかせることも大切であろう。

・単語と単語の間にはスペースがある。
・一つの単語の間にはスペースが入らない。
・文の最初は大文字を使う。
・文の終わりにはピリオド(.)やクエスチョンマーク(?)がつく。

◎ローマ字について(小3)

学校教育において児童がアルファベット文字に最初に触れるのは、実は国語の授業である。小学校CS国語編では「第3学年においては、日常使われている簡単な単語について、ローマ字で表記されたものを読み、ローマ字で書くこと(p.20)」が指導項目として明記され、その背景として「ローマ字表記が添えられた案内板やパンフレットを見たり、コンピューターを使ったりする機会が増えるなど、ローマ字は児童の生活に身近なものになっている(p.78)」点を挙げている。なおローマ字の表記については「一般に国語を書き表す際」には訓令式を、「従来の慣例をにわかに改めがたい事情にある場合(例えば、パスポートに記載される氏名の表記など、外国の人たちとコミュニケーションをとる際)(p.78-79)」に限りヘボン式も差し支えない、としている。そして高学年の外国語科では、「国際的な共通語として英語を使用する観点から、できるだけ日本語の原音に近い音を英語を使用する人々に再現してもらうために、(中略)いわゆる「ヘボン式ローマ字」で表記することを指導する。(p.112)」としている。

「ローマ字」について留意すべきは、アルファベットを用いて日本語文字を英語文字に「近づけた」ものであって決して「英語」そのものとは言えない点、日本関連の固有名詞や英語で表現できない概念や物事(karate, karaoke, kawaii等)等に対する使用に限定される点である。

さらに訓令式による表記の指導では「日本語の音が子音と母音の組み合わせで成り立っていることを理解する(p.78-79)」重要性を指摘している。従ってこの時点で例えば‘ス＝/s/＋/u/.’あるいは逆に‘ス－/u/＝/s/’と発音する練習しつつ確認させておくと、次年度での外国語の学習へのいい動機づけとなり得る。また「逆再生アプリ」を利用して、「トマト」は逆に読むと「トマト」だが逆に再生するとどうなるかを予想させた後、実際に逆再生を聞いて/otamot/のような音になることを確認するのも有効ではないだろうか。

2. 読む活動（小5、6）

小学校CSでは「読むこと」に関する活動が大きく4つ挙げられている。ここではそれぞれの活動内容について外国語教材 *We Can* を中心に紹介する。

（ア）活字体で書かれた文字を見て、どの文字であるかやその文字が大文字で あるか小文字であるかを識別する活動。
（イ）活字体で書かれた文字を見て、その読み方を適切に発音する活動。

We Can 1 のUnit 1では生活文化圏や母語が異なる話し手と聞き手がアルファベットを使って自己紹介をする活動があり、名前の綴りや音声を明確に把握する必要がある。小学校3年の国語授業でのローマ字学習に続き、5年生最初のunitで改めて名前の書き方を練習することで大文字と小文字の識別も再確認できる。小学校CS解説編には「自己紹介の場面で、自分の名前を“My name is Haruna.”と紹介した後、“H, a, r, u, n, a.”と自分の名前の綴りを言って、自分の名前を相手にしっかりと伝える活動、」さらに「字を一文字ずつ読んで音声に慣れ親しんだ後、‘a p c d o g u w c a t x p’ などと不規則に並んで書かれた活字体の文字を見ながら、“ d/diː/、o/ou/、g/dʒíː/. Dog.” という音声を聞いて該当する箇所（dog）を丸で囲む、などの活動」（p.103）が挙げられている。さらにUnit 2では月を表す表現を通じて、単語レベルで常に大文字で始める必要のある単語を学びつつ、大文字と小文字を識別する練習を行う。

また*Let's Try 2* Unit 2のworkbookではチャンツが紹介されているが、外国語活動の段階では音声インプットを重視し、小5以降の外国語授業の段階で今度は文字との結びつきを意識した活動に高度化することも考えられる。

（ウ）日常生活に関する身近で簡単な事柄を内容とする掲示やパンフレットなどから、自分が必要とする情報を得る活動。

We Can 1 のUnit 3中の、授業の時間割に書かれている曜日名と教科名（＋漢字の略称）を読み、相手が頭にある曜日を特定する活動がこれに当たる。月を表す表現を通じて常に大文字で始める必要のある単語を学びつつ、大文

字と小文字を識別する練習を行う。またUnit 6の【Activity】でお勧めの国を紹介する活動に先立ち、教科書に記載されている、‘You can see ____’、‘You can eat/drink ____’、‘You can buy ____’という表現について、事前に音声に慣れ親しみその読み方を適切に発音できる練習を行うが、これもチャンク中の共通点（You can）認識やその後の動詞の意味合いの認識、という点で読む活動と考えることができる。

（エ）音声で十分に慣れ親しんだ簡単な語句や基本的な表現を、絵本などの中から識別する活動。

外国語活動教材として*Let's Try*以前に配布されていた*Hi, friends 2*では「桃太郎」の英訳版を絵本として掲載していたが、日本の昔話は多くの児童たちが既にストーリーを知っているため、絵と既知情報をヒントに語句や基本的な表現の識別がより容易となるであろう。絵本以外でも、*We Can 1*のUnit 9では、自分のヒーローを英語で紹介する活動に先立ち、ヒーローとして自分の姉を紹介する文例が絵とともに示されている。児童はこれを発表例として活用するに際し英文を読み意味を捉える必要があるため、「読む」活動例となり得る。

◎ 音声について

文字と音声の関連性への気づきは「読む」活動でも必要であり、CSでも「中学校で発音と綴りとを関連付けて指導することに留意し、小学校では音声と文字とを関連付ける指導に留めることに留意する必要がある（p.78）」と記されている。外国語教材*We Can*にはこれを意識した仕掛けが使われている。例えば各Unitの見開きページ下には「f ―fishの絵・数字5＜左―右ページ＞」「wh―whaleの絵・絵の具の白色＜左―右ページ＞」と掲示されており、初めの文字と音の関連性を意識した練習が可能である。また*We Can 2*の各Unit最終ページには‘Story Time’というコーナーがあり、例えば‘Pat, the cat, is in the hat.’、‘Bake bread and make cakes and shakes.’というように共通の韻（rhyme）への気づきを喚起する英文が掲載されている。このような「語頭・語尾」の共通性への認識は音声指導の大きな手掛かりとなる。そこで以下のような特徴を持つ単語グループを絵カードとともに数多く確保しておくと音声指導に有効である。

> (1) 同じ音で終わる単語グループ：flower-our, strawberry-cherry, November-December, etc.
> (2) ある語の最初に音を一つ加えるだけで別の単語になる単語グループ：red-bread, eye-pie, ox-box, ice-rice, etc.
> (3) 始めの音を入れ替えると別の単語になる単語グループ：Pat-cat-hat, bake-make, cakes-shakes

なお英語の音を正確に示すうえで最も重要なのが、最初にアルファベットの全ての文字を指導する際である。よく‘ABC Song’を用いて慣れ親しませることがあるが、その歌い始めが/e: bi: shi:/ではなく、/ei bi: si:/となっているかどうか等の確認も大切である。

表1　アルファベットの文字と音の関連性（×は日本語読み）

大文字	A	B	C	D	E	F	G	H	I
小文字	a	b	c	d	e	f	g	h	i
文字の読み方	ei	bi:	si:	di:	i:	ef	dʒi:	eitʃ	ai
文字の音	æ	b	k	d	e	f	g	h	i
	×エー		×シー	×デー		×エフ		×エッチ	×ア・イ
大文字	J	K	L	M	N	O	P	Q	R
小文字	j	k	l	m	n	o	p	q	r
文字の読み方	dʒei	kei	el	em	en	ou	pi:	kju:	ɑ:*r*
文字の音	dʒ	k	l	m(唇閉)	n(唇開)	ɔ	p	kw	r
			×エル	×エム		×オー			×アール
大文字	S	T	U	V	W	X	Y	Z	
小文字	s	t	u	v	w	x	y	z	
文字の読み方	es	ti:	ju:	vi:	dʌbəlju	eks	wai	zi: (zed)	
文字の音	s	t	ʌ	v	w	ks	j	z	
	×エス	×チー		×ブイ	×ダブル	×エックス		×ゼット	

最後に、いわゆる‘magic e’（単語の最後が‘-e’で終わる単語は、語尾の‘子音字＋e’の前の母音字の発音が「文字の読み方（アルファベット読み）」になる傾向が強く、単語の最後が‘母音字＋e’で終わる場合は母音字の発音が「文字の音（フォニックス読み）」になる傾向が強い）についても気づきを喚起する単語提示も有効である。以下に例を示す。

t**a**p	p**i**n	c**u**t	p**e**t	h**o**p
/æ/	/i/	/ʌ/	/e/	/ɔ/
t**a**pe	p**i**ne	c**u**te	P**e**te	h**o**pe
/ei/	/ai/	/juː/	/iː/	/ou/

3. 書く活動（小5、6）

小学校CSでは「書くこと」に関する活動に当たり留意すべき点として以下の点が挙げられているが、いずれも要注意の点である。

・「聞く」→「読む」→「書く」という順序性を踏まえて指導を行う。

・活字体の大文字、小文字を一度に全て取り扱わず、児童の実態に応じて一度に取り扱う数や種類に配慮する。

・何らかの書く目的を持たせる、ゲーム的要素を取り入れるなど、児童の学習意欲を高める工夫をし、「ドリル学習」のような単調な繰り返しの学習に終始しない。

・授業において「書くこと」の活動をする際には書く時間を十分に確保し、四線上に正しく書くことができるようにする。

・「書くこと」の活動では、文字を書くことができているか、できるようになってきているかを、年間を通じた長い目で丁寧に見届け指導に生かす。

次に、「言語活動に関する事項」で挙げられている4つの活動例を紹介する。

（ア）文字の読み方が発音されるのを聞いて、活字体の大文字、小文字を書く活動。

（イ）相手に伝えるなどの目的をもって、身近で簡単な事柄について、音声で十分に慣れ親しんだ簡単な語句を書き写す活動。

（ウ）相手に伝えるなどの目的をもって、語と語の区切りに注意して、身近で簡単な事柄について、音声で十分に慣れ親しんだ基本的な表現を書き写す活動。

> (エ) 相手に伝えるなどの目的をもって、名前や年齢、趣味、好き嫌いなど、自分に関する簡単な事柄について、音声で十分に慣れ親しんだ簡単な語句や基本的な表現を用いた例の中から言葉を選んで書く活動。

ここでカギとなるのは「書き写す」「選んで書く」という表現である。つまり小学校段階の「書くこと」では、各unit学習言語材料を書き「写す (copy)」こと、また自己表現では既習の表現から使えるものを「借用して (borrow)」表現できれば良く、それ以上の「書く」活動は中学校で扱う、ということになる。なお「書き写す」といっても決して機械的な書き写しに終始しないように注意すべきである (CSでは「書き写す」ことを「相手に伝えるなどの目的をもって」「語句や文を見ながらそれらをそのまま書く」こととしている)。例えば、*We Can 1* 中のUnit 5のworkbookには先生へのインタビュー結果を4線上に語句を書き写す、という作業があるが、これは先生のことをよりよく知る、という目的を持った活動となっている。さらに*We Can 2*のUnit 4で児童は自分の町を紹介するポスターを作成するが、音声・文字・絵 (絵カード) などを通じて慣れ親しんだ既習の語句や表現を書き写すことになる。なおこの段階では、日本文と違い英文は語と語の間にスペースを入れて書くことを「気づき」から「理解」に進化させることも目的となるため、「一人一人の筆記の状況を丁寧に見届け、個別の指導に生かす (p.112)」ことが重要となる。

*We Can 2*では複数の英文を用いて書く表現活動があるが、児童は何もないところから一気に書くわけではない。*We Can 2*のUnit 7では自分の思い出について最後に口頭発表後に、書いてまとめる活動がある。しかし教材付属のworkbookではそれに先立ち、7-1から7-6まででは自分の思い出を表現する際に使える表現に音声で慣れ親しんだ後に書き写す練習を行い、7-7に掲載された全体としての表現例も参考に、夏休みの思い出をまずはクラスメートと伝え合い、その後、7-1 ~ 7-6までで書き溜めた例文から自己表現に合う言葉や文を選んで順番に書き「自分の思い出」としてまとめる。これが (エ) で表している活動の典型例となるであろう。さらに英語の語順に関する練習としては、*We Can 1* Unit 5のworkbookでHint Boxとして He/She can/can't

絵＋文字　（動詞（＋名詞）の順に選ばせて聞いた内容を整理する活動があり、さらに*We Can 2*のUnit 3では映像を見て教科書中の'I want/like/want/study ＋□'の□に入る絵カードを入れさせる活動が載っている。これらのレイアウトを見ると、英語の語順に関する気付きを喚起するねらいが伺える。

◎文字指導について

最後に、「文字指導」について留意すべき項目を挙げる。まず「文字指導」自体を目的化しないことである。特に小学生は必然性がないままただ文字を書く練習を求めても、興味を持って行わないことが多い。指導に先立って、文字を書く必然性を示すことが必須である。例えば、メールアドレス、名前・地名の書き写し、新聞などで見たことのあるアルファベットの書き写し、などが考えられる。また見たこともない文字をただ書く練習をするのではなく、児童が目にしたことのあるものの文字化から始め、ある程度文字への慣れ親しみができた段階で全体の文字をアルファベット順で確認する、という段階を踏む方が無理なく導入が可能であると思われる。なお手島（2019）は「文字指導のCAN-DOリスト」として、「0-1. 文字の形が分かる（形の特徴、違いの気づき）→0-2. 文字の名前が分かる（日本語風音「エル」「ブイ」は×）→1-1. 文字が読める（正しい発音の読み方で）→1-2. 文字が書ける（書きやすい筆順、「見分け」「聞き分け」）→2-1. 語が読める→2-2. 語が書ける→3. 文が書ける→4. 文章が書ける」という手順を踏むことを奨励し、加えて「2-2. 語が書ける」段階では、語と語の間にスペースが入ることへの気づきとともに、cとlの間の間隔が狭すぎるとdに見間違える点や、長い単語中に不自然なスペースができると2語に見えてしまうことがあることへの注意も指摘している。また大文字と小文字の書き分けについて畑江（2017）は、4線上で大文字が小文字に変化していく様子を児童に推測させた上で書く練習に移ることを提唱している。さらに書くことに慣れる手順としてPinter（2006）は、1. なぞり書き（tracing）－2. 書き写し（copying）の次に、'3. finger writing'として「空中で書く、相手の背中に書く、砂の上で書く」段階を経た上で、4. guided writing（枠組みの中等で書く）の段階に練習することを奨励している。こうした提案を適宜取り入れながら、焦ることなく段階的に長期的視野で、児童を書く活動に慣れ親しませることが大切になるであろう。

＜課題＞

(1) 同じ音で終わる単語グループ、(2) ある語の最初に音を一つ加えるだけで別の単語になる単語グループ、(3) 始めの音を入れ替えると別の単語になる単語グループ、について絵カード（文字なし）を使った練習として、どのようなものが考えられるでしょう。(1)～(3) それぞれ一つずつ考えなさい。

第 4 章

授　業　づ　く　り

Unit 14　学習到達目標、指導計画

[目標] 学習到達目標に基づいた指導計画（年間指導計画・単元計画・学習指導案、短時間学習等の授業時間の設定を含めたカリキュラム・マネジメントなど）について理解し、学習指導案を立案することができる。

年間を通じた指導計画はどのように立案・デザインすればいいのであろうか。Brown & Lee (2015) は以下のようなフローチャートで一つのコースの編成過程を示しているが、これは令和2年度以降施行の学習指導要領 (CS) の内容と符合する部分が多い。本Unitでは主に学習指導案までについて取り上げる。

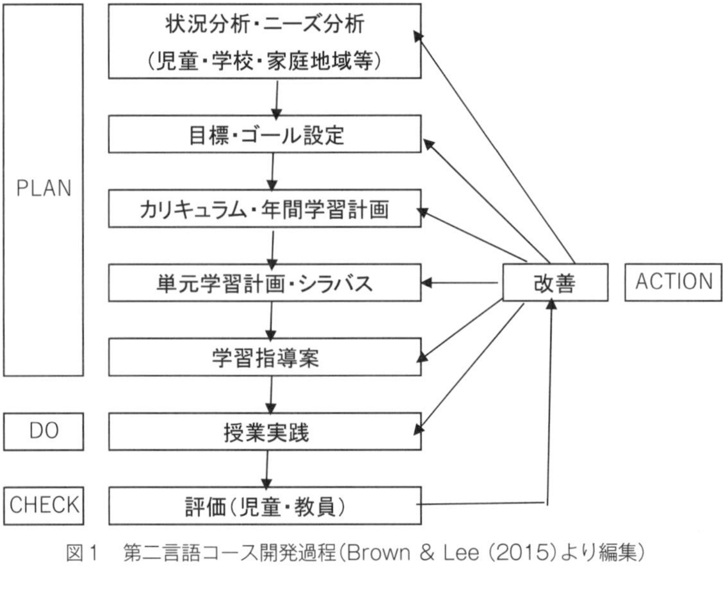

図1　第二言語コース開発過程（Brown & Lee (2015)より編集）

1. カリキュラム・マネジメント

文部科学省 (2018) は「カリキュラム・マネジメント」を以下のように定義づけている：

児童や学校、地域の実態を適切に把握し、教育の目的や目標の実現に必要な教育の内容等を教科等横断的な視点で組み立てていくこと、教育課程の実施状況を評価してその改善を図っていくこと、教育課程の実施に必要な人的または物的な体制を確保するとともにその改善を図っていくことなどを通して、教育課程に基づき組織的かつ計画的に各学校の教育活動の質の向上を図っていくこと

つまり、1）児童・学校の実態把握だけでなく、地域・家庭とも連携・協働の上教育活動に必要な人材も地域社会から求めることも含め、地域社会に開かれた学校づくりを目指すこと、2）学校行事・各教科・各学年が別々に動くのではなく互いに横断的に結びつきながら教育活動を進めることで互いの教育効果を相乗的に高めること、をねらいとしている。

さらに編成されたカリキュラムについても、そのまま固定化するのではなく常に「計画—実践—分析評価—改善実行（Plan-Do-Check-Act/Action）」という一連のサイクル（PDCAサイクル）により改善に努めることを求めている。しかしPDCAサイクルを効果的に進めるうえで忘れてならないのは、学校としての土台となる、学校としての教育目標や学習を通じて目指す子ども像を確立させることである。強固な土台があって初めてカリキュラムの改善は安心して進めることができるはずである。但し柔軟な対応が可能なようにある程度の余裕も残したうえで確立させることが重要である。

2. 学習到達目標

CSでは「聞く、読む、話す（やり取り）、話す（発表）、書く」の5領域別目標が記載され、これに伴い「その目標と関連付けられた学年ごとの「学習到達目標」を各学校において設定する（文部科学省、2018）」ことが求められている。また文部科学省その効果としては以下の点を挙げている：

・児童にどのような英語力が身に付くか、英語を用いて何ができるようになるのか、あらかじめ明らかにすることができ、そうした情報を児童や保護

者と共有することで授業のねらいが明確になるとともに、児童への適切な指導を行うことができる。

・「知識及び技能」の習得にとどまらず、それを活用してコミュニケーションが図れるよう、五つの領域にわたる総合的な資質・能力の習得を重視することが期待される。

・校内でも教師によって指導方法が大きく異なることがある中で、教師間で指導に当たっての共通理解を図り、均質的な指導を行うことができる。

これはWigins & McTighe (2006) が提唱したbackward design（バックワード・デザイン）に基づいており、『研修ガイドブック』でも紹介されている。つまり年度当初に計画を立てるときには、まず教える児童の成長した3月の姿、そのときに児童がどのような力を身につけているかを思い浮かべ、それを学習指導要領の目標及び3つの資質・能力、さらに学校教育目標と照合しながら目標を設定する。次にその目標を達成するために1年をかけて単元を構成していく。これにより教員も児童も「細かいステップを踏みながら段階的にゴールへ向かう（文部科学省、2017）」ことができる。一つ留意点として挙げたいのは、決めたゴールや過程に無理があった場合に修正が可能なように、計画にはある程度の余裕を持たせることである。特に初めて計画を立てるときには、実践して初めて気づく問題点などが出るのは当然のことである。その際に柔軟に対応できるような余裕を残しておくことも成功の大きなカギとなる。

なお、「言語学習者の言語運用能力を、その学習者ができる（Can-do）言語的行動の記述（statement）によって示す方法（白畑など、2009）のことを‘Can-do statement’（一般にはcan-doリスト）と呼ぶが、学習到達目標には「～できる。」という記述が主体となるため、can-doリストの形で学習到達目標は作成されることになる。

3. 短時間授業

教育課程を含む小学校が提供する全ての教育プログラムであるカリキュラムの構成要素は主に45分授業であるが、小学校CSでは、「45分授業」以外の時間確保の例として、朝の時間や昼休み前後に10 ～ 15分確保して行う短時間授業や、交流・発表活動等により45分以上の時間が必要な場合に「45分＋15分＝60分」とするなど、教育課程内で外国語科の授業時数確保が困難な場合の対処を提示している。なお短時間学習での学習内容については、45分授業内容を踏まえて学習内容の補助、必要となる基本的な語句や表現などの補充学習、発表活動の準備等に充てることが考えられる。また「45分＝15分×3日」と考えると、例えば外国語の授業を週2時間時間割に入れることが難しい場合、時間割に週1時間（1日）入れる以外に別の曜日に3日分短時間学習を入れることで児童は週4日英語学習により継続的に取り組むことも可能となる。

4. 年間計画・単元計画・授業計画

年間計画	4月				5月				・・・	2月		3月		
単元計画	Unit 1		Unit 2		Unit 3				・・・	Unit 9				
	①	②	①	②	①	②	③	④		①	②	③	④	⑤
授業計画	45分	45分	45分	45分	45分	45分	45分	45分	・・・	45分	45分	45分	45分	45分

図2　1年間の年間計画・単元計画・授業計画のつながり

学校で45分の授業を行う際には上の年間図に示した通り、1回1回の授業が長期的視野でつながりのあるものなるように、1. 年間計画、2. 単元計画、3. 授業計画、の順番に計画することが重要である。まず1年を通した長期的計画を立てることになるが、それだけでなくどの時期に単元・授業が行われるかも考慮する必要がある。例えば4月下旬の授業であれば、まだ年度当初であるため、新学年の授業の様子に慣れ親しませることなども考慮して授業計画を考える必要がある。次に1年の中に振り分けられた各単元であるが、単元中の授業はそれぞれ独立して展開されるわけではない。特定の学習目的達成のために複数回の授業が一つの単元（unit, lessonなど）の一部として含まれることになる。従って同じ45分授業であったとしても、各単元が持つ目標に加えて、単元の何時間目の授業であるかによっても授業の展開は変わる。単元の一時間目では、全体の導入部としての役割、最終時間目であれば全体のまとめという役割も授業計画に盛り込む必要がある。こうした過程を経て初めて「授業計画」として45分の日々の授業をどのように展開するかを考えることになる。日々の学習指導案について考える際には、年間計画、単元計画の中のつながりを忘れないことが重要である。以下に各指導計画・指導案について取り上げる。

(1) 年間指導計画

年間指導計画とは、1年間を通して該当の教科指導をどのように進めるかをまとめたものである。タイプとしては以下の通り、1) 特定学年に絞っての年間計画、2) 全学年通しての年間計画、の大きく二通りが考えられる。

	単元	単元名	時数	学習内容・活動	表現例
4月	Unit 1	あいさつしてともだちになろう	2	・世界の様々な言語でのあいさつを知る。 ・自分の名前を伝え，挨拶をする。	Hello./Hi./I'm~./ Goodbye./See you.
5月	Unit 2	ごきげんいかが	2	・友達と挨拶をして，ジェスチャーを交えて自分の様子や状態を伝える。	How are you?/I'm ~.
6月	Unit 3	数えてあそぼう	4	・身の回りの物の数や，好きな漢字の画数を尋ねたり答えたりして伝え合う。	How many~?/Ten~./ Yes. /That's right./ No./Sorry.
7月	Unit 4	すきなものをつたえよう	4	・自分の好きなものについて話したり，質問に答えたりする。	I like~./Do you like~?/ Yes, I do./No, I don't./ I don't like~.
･･･	・・・	・・・	･･･	・・・	・・・

図３　特定の学年に絞った年間指導計画のフォーマット例

学年	使用教材		4月	5月	6月	･･･
3年	Let's Try 1	単元	Unit 1	Unit 2	Unit 3	
		学習内容	あいさつ	ごきげんいかが	数え方	･･･
		言語材料	Hello. Hi., etc.	How are you?, etc.	How many~?, etc.	
4年	Let's Try 2	単元	Unit 1	Unit 2	Unit 3	
		学習内容	あいさつ	気候、提案	曜日	･･･
		言語材料	Good morning/afternoon., etc.	It's fine./Let's play~., etc.	It's Monday., etc.	
5年	We Can 1	単元	Unit 1	Unit 2	Unit 3	
		学習内容	自己紹介	行事、誕生日	教科，職業	･･･
		言語材料	Hello. I'm~., etc.	My birthday is~./I like~.,etc.	I study~./I'm a nurse.,etc.	
6年	We Can 2	単元	Unit 1	Unit 2	Unit 3	
		学習内容	自己紹介	日本紹介	活躍する日本人	･･･
		言語材料	I want to~., etc.	We have Star Festival.,etc	~ is famous/great.,etc.	

図４　全学年にわたってまとめた年間指導計画フォーマット

年間指導計画を作成するに当たってまず念頭に置くべきなのは、1) 学校として定めた教育目標・目指す児童像、2) CSに定められた３つの資質・能力である「知識及び技能」「思考力・判断力・表現力等」「学びに向かう力、人間性等」、3) 中学年は２技能３領域、高学年は４技能５領域別に設定する、学年を通しての「学習到達目標」の３つの目標である。さらにカリキュラム・マネジメントでも示されている保護者・地域社会との連携や他教科・学校行事との連携の要素も考慮することになる。

次に年間を通しての具体的な指導方針や内容を柱とするシラバスを構成する必要がある。一概に指導方針・内容と言っても様々な切り口がある。例えば家・学校・街などコミュニケーションを交わす場面を中心に構成する「場面シラバス」、自己紹介・道案内など話題を中心に構成する「話題シラバス」、あいさつ・お礼を言う・頼むなど言語の機能を中心として「機能シラバス」、英語でのやり取りによる課題達成を中心に構成する「タスクシラバス」等様々なタイプが考えられる。年間という長い視点から考えると、一つの型に絞るのではなく、複数のタイプのシラバスを状況に応じて適宜組み合わせることで柔軟性に富んだ幅広いコミュニケーション活動を設定できると思われる。その上で各単元のテーマ・題材設定、言語材料（英語表現・語彙等）、具体的活動、を設定する他、必要に応じて国際理解や他教科連携等との関連付けを検討することになる。

全体を通して、児童が段階的・発展的に学習できるよう配列することや、既習語句を繰り返し取り上げて語彙の補強とともに表現の幅が広がるよう配慮すること、さらに言語活動もスパイラル状に繰り返し配列すること等にも留意したい。さらに短時間学習を設定する場合も、年間指導計画の中の位置づけを考慮し、可能であれば記載するとより内容が具体的になる。

(2) 単元指導計画

次に年間指導計画で設定された各単元のテーマ・題材、言語材料、具体的活動をより具体的に設定することになる。その際にまず設定する必要があるのが「単元目標」である（これについては年間計画を検討する際に同時に設定することも可能である）。一つの単元学習が終わった時点で児童がどのような力を身につけ、何ができるようになっているか、まずは最終時間でのゴールを設定し、その達成のためにどのようなステップを踏む必要があるのかをその次に検討することで、明確な目標を見据えてその過程も決めやすくなる。なお単元目標の設定に際しては、CSで定められた3つの資質・能力別に3項目設定することが求められている。その際には単元目標に該当するCSの領域別目標を適宜活用すると作成しやすくなる。

目標設定後はそれに合う具体的な活動を選び、所要授業時間や時間配分なども考慮の上、単元内の各授業での活動を決めることになる。決定においてはまず4技能の配列・順序が重要となる。小学校3、4年の外国語活動では「聞くこと」「話すこと」を取り扱うが、何も知らずにいきなり「話すこと」は誰にもできない。また既習事項でもすぐに思い起こせるわけではない。まずは充分に「聞くこと」を中心とする活動の中で英語の音声に慣れ親しみ、児童の頭の中に、必要な単語や表現などが音の形で蓄積された時点で、今度はそれを使って「話すこと」を取り入れた活動に移行する、というのが自然な順序であろう。5、6年の外国語では「読むこと」「書くこと」が加わるが、それでも単元の前半は音声活動（聞くこと→話すこと）でまずは音声で十分に慣れ親しむことを主とし、「読むこと」「書くこと」は音と文字を結び付けるための初歩的練習に限定し、これらを主な目標とするのは単元の後半とする方が無理なく単元が進む。言い換えれば、単元前半は「聞くこと」「話すこと」に多くの時間を割き「読むこと」「書くこと」はそれを支えつつ文字に慣れ親しむ程度にとどめ、単元後半では「読むこと」「書くこと」を主体とし、「聞くこと」「話すこと」は授業導入やコミュニケーション活動の中で適宜組み込む形とし、4技能を個別に扱うのではなく、複数の技能を組み合わせながら構成を考えると、技能面でバランスの取れた単元構成になる。これ以外にも、単元内で繰り返し行う必要のある活動と繰り返す頻度（毎時間・1時間おき）を設定し、単元目標達成のためにどのような内容を段階的に組み込むのかを検討することが必要である。また学級内の児童は多様な興味関心・学習適性等をもっていることが想定されるため、単元内活動全体を見渡した時に全ての児童が必ずどこかの場面で活躍できることを想定するとよい。加えて、前単元で学んだ内容を繰り返し取り入れるとともに、次の単元でも使える内容を予めチェックしておくことで、児童は継続的・発展的に学習に取り組むことができるであろう。以下に『研修ガイドブック』掲載の *We Can 2* Unit 5 My Summer Vacationの 単元計画（全8時間中最初の2時間分）を示す：

表1　*We Can 2* Unit 5 単元計画表（8時間中2時間目まで抜粋）（文部科学省、2017）

時	目標（◆）と主な活動（【 】、○）	評価〈方法〉
1	1 ◆ 夏休みに行った場所を言ったり聞いたりする。	
	○Small Talk　話題：夏の食べ物 【Let's Listen 1】 ・登場人物が、夏休みの思い出について話している英語を聞き、行った場所、そこでしたこと、食べた物の話の内容に合うように、誌面上の絵を線で結ぶ。 【Let's Play】ポインティング・ゲーム12 ・指導者が言う施設・場所、動作、食べ物の絵を指す（①個人、②ペア）。 ○Let's Play ・夏休みに行った場所をペアで伝え合う。 S1：I went to the sea. How about you? S2：I went to the mountains. S1：I see. Thank you. ○Let's Read and Write 書く文例：I went to (the sea). ・デジタル教材の音声を聞きながら読んだ［言った］後、ワードボックスから言葉を選んで書き写す。 ○単元の終末の活動を知る	◎I went to ~ .を使って夏休みに行った場所を言ったり聞いたりすることができる。〈行動観察〉
2	◆ 夏休みの思い出についての話を聞き、行った場所や感想などが分かる。 ◆ 過去の表現の仕方が分かり、夏休みに行った場所とその感想を伝え合う。	
	【Let's Play】ポインティング・ゲーム①② ・指導者が言う施設・場所、動作、食べ物の絵を指す（①個人、②ペア）。 【Let's Watch and Think 1】 ・世界の国々の子供たちが夏休みの思い出について話している映像資料を視聴し、分かったことを誌面に記入する。 ○Let's Play フェイント・リピート・ゲーム ・感想を表す形容詞：fun, exciting, interesting, delicious, nice, good, great, wonderful, cool, beautiful 【Let's Chant】Summer Vacation ○Let's Talk ・夏休みに行った場所とその感想をペアで伝え合う。 S: I went to the sea. It was beautiful. How about you? ○Let's Read and Write 書く文例：I went to (the sea). It was (fun). ・音声を聞いて繰り返し読んだ［言った］後、ワードボックスから言葉を選んで書き写す。 ○Sounds and Letters ・/p/ の音で始まる単語を発表し合い、4線上にpを書く。	◎夏休みの思い出についての話を聞いて、行った場所やしたことを誌面に書くことができる。〈記述観察〉 ◎I went to ~ . It was ~ .などを使って、夏休みに行った場所とその感想について伝え合っている。〈行動観察〉
・・・	・・・	・・・

(3) 学習指導案

単元計画がある程度設定された時点で、次は単元内の各45分授業の構成を検討することになる。授業展開としては、一般的に新出事項に対して「導入→展開→発展」という流れが想定されるが、授業がいきなり新出事項で始まると、多くの児童が戸惑うことが容易に予想できる。本時の目標学習活動にスムーズに入るための導入活動、目標学習活動の後には、学習内容の振り返りとともに、次回授業内容へのつなぎも考えるとよい。下の表にはその一例を挙げている：

＜授業導入＞（5 ～ 10分）
①あいさつ
②ウォームアップ活動
③前時の復習
④本時の目標確認
＜学習活動＞（30 ～ 35分）
⑤新学習指導内容の導入
⑥展開（気づき理解深化、慣れ親しみ）
⑦発展（自己表現、コミュニケーション）
＜まとめ＞（5 ～ 10分）
⑧本時のまとめ・振り返り
⑨次時の予告
⑩終わりのあいさつ

まず＜授業導入＞では、児童が学習活動に入る準備を整えることを念頭に計画を立てるとよい。また授業の初段階であるので、全学年を通じて音声活動を主体として計画するとよい。その語＜学習活動＞に入り、目標達成を念頭に置いて計画した活動を進めることになる。但し全ての活動が計画通りにいくわけではないので、児童の取り組む様子をイメージする中で予想される困難点等を予想し、その対処を自分の中にストックしておくとよいであろう。学習活動終了後は＜まとめ＞として、本時での学習内容のまとめとともに児童がどのくらい活動に取り組めたか、学習内容を理解できたかを振り返る時間を設定し、児童に記入させておくと児童自身が自己反省できるだけでなく、教員自身も授業後に児童の振り返りを確認することで、児童全体の理解度・達成度とともに授業の改善点、次回の授業へのつなぎ等を検討できる。こうした内容を書面で具体的に記載するものが学習指導案となる。

学習指導案では授業の「ねらい、方針、手順」等の計画、使用教材、具体的学習活動、教員・児童の動きなどを記載する。フォーマットについては各都道府県や各校で異なるため、作成の前に担当校でのフォーマットについて確認しておく必要がある。ここでは典型的に組み込むべき記載事項を『研修ガイドブック』を基に、フォーマット案とともに紹介する。

指導者　HRT ○○○○
ART ○○○○

1 単元名　Unit 4 I like blue. すきなものをつたえよう

2 指導観

○ 児童観

本学級の児童は、～ で、～な経験をしている。 外国語活動に対する意識 は～。 ・・・

※学級の児童の実態、これまでの学習経験、児童に付けさせたい単元のねらい等

○ 教材観

本題材は、本単元では、～な題材を設定し、～な教材を使って指導にあたる。・・・

※題材や教材の内容や価値等

○ 指導観

本単元の指導に当たっては、第1時では、～活動をし、 ～させる。第2時では～。 本時の指導に当たっては、 ～をし、～するようにす る。・・・・・・・・・・・・・・・・・

※具体的な指導の方法

育成を目指す資質・能力の3つの柱「知識及び技能」「思考力、判断力、表現力等」「学びに向かう力、人間性等」に沿って目標を書く。

3 単元の指導目標

・多様な考え方があることや、外来語を通して英語の音声やリズムなど 日本語の違いに気付き、色の言い方や、好きかどうかを尋ねたり答えたりする表現に慣れ親しむ。
（知識及び技能）

・自分の好みを伝え合う。　（思考力、判断力、表現力等）

・相手に伝わるよう工夫しながら自分の好みを紹介しようとする。
（学びに向かう力、人間性等）

4 言語材料

本単元で扱う言語材料を、表現（児童の発話）と語彙（児童が使う語彙）に分けて書く。

○ 表現（児童の発話）

I like (blue). I don't like (blue). Do you like (blue)? Yes, I do.

○ 語彙（児童が使う語彙）

色（blue, red, green, yellow, pink, black, white, orange, purple）

スポーツ（soccer, baseball, basketball, dodgeball, swimming）

学習指導要領の中から、本単元に該当する領域別目標を記載する。

5 該当する学習指導要領における領域別目標

聞くこと	イ ゆっくりはっきりと話された際に、・・・・・・・・・・ 表現の意味が分かるようにする。
話すこと［やり取り］	ウ サポートを受けて、自分や相手のこと及び・・・・・・・・・・・ 質問に答えたりするようにする。

観点ごとに、指導者が授業の中で求める児童の具体の姿（目標が達成された姿）を書く

6 単元の評価規準

・ゆっくりはっきりと話された際に、・・・・・・・・・・・（聞くこと）

・友達や先生のサポートで、自分の好きなものについて・・・（話すこと［やり取り］）

7. 単元指導計画（4時間）<抜粋>

1単位時間ごとに目標（◆）と主な活動（【　】、○）を書く。

時	目標（◆）と主な活動（【　】、○）	◎評価〈方法〉
1	◆多様な考え方があることに気付くとともに、色の言い方に慣れ親しみ、好きなものを表す表現を知る。	**行動観察だけでは見取り切れないため、振り返りカードに 記載された児童の気付きを分析し、評価記録の対象とする。**
	【Let's Sing】The Rainbow Song ○自分のにじをかこう「My Rainbow」 ・誌面に好きな色を塗り、自分の虹を完成させる。 【Let's Watch and Think】 ・映像資料を試聴し、世界の子供たちの描く虹の絵を見て、それぞれの違いに気付く。 ○シャッフル・ゲーム ○好きな色を教えて ・指導者が、自分の好きな色を挙げるなどして児童にも発話を促し、好きなものを表す表現に出合わせる。 【Let's Listen ①】 ・誰が何色が好きかを聞いて線で結ぶ。 【Let's Chant ①】I like blue.（色編） ○Goodbye Song	◎ 多様な考え方があることに気付く。〈行動観察、振り返りカード分析〉 ◎ 色を聞いたり言ったりしている。〈行動観察、振り返りカード点検〉 **本時評価する活動の右側に、評価について具体的に書く。**
…	…	…
4	◆相手に伝わるように工夫しながら自分の好みを紹介しようとする。	**評価方法は、行動観察、発表観察、振り返りカード分析・点検、ワークシート点検等。**
	【Let's Sing】The Rainbow Song 【Let's Chant】I like blue.（色）　I like soccer.（スポーツ） 【Activity】「自己紹介をしよう」（シート作成・自己紹介） ・自己紹介シートを作成し、自分の好みを交えて自己紹介をし合う。 ○Goodbye Song	◎相手に伝わるように工夫しながら自分の好みを紹介している。〈行動観察、ワークシート点検、振り返りカード点検〉

（3）本時の指導案

○本時の目標

本時でねらう児童の姿を評価の観点に即して書く。

・多様な考え方があることに気付くとともに、色の言い方に慣れ親しみ、好きなものを表す表現を知る。

○準備物　デジタル教材、児童用テキスト、教師用絵カード（色）、色鉛筆・・・

○本時の展開（1/6時間）　※（本時/総指導時間）

時間	児童の活動	指導者（T）の活動と使用英語例	準備物
2分	挨拶をする。	・全体に挨拶をして、個別にも挨拶をする。	
…	…	…	…
5分	【Let's Watch and Think】 ・映像資料で、世界の子供たちが虹を描く様子などを視聴し、自分たちの作品や日本で見る虹との違いに気付く。	・海外ではどんな虹が見えるかなど、児童の興味・関心を高めながら映像資料の視聴につなげ、自分たちの作品との違いや共通点に気付くよう言葉かけをする。	**指導者の使用英語、児童同士の会話は、**

	評価する活動の欄に評価を◎で具体的に示す。行動観察だけでは表出しない内省の部分は、「振り返りシート」等の児童の記述を分析し評価する。	T: Please watch the video.　What colors can you see in the rainbow? ◎多様な考え方があることに気付いている。〈行動観察・振り返りカード分析〉	表現例を示す。
6分	〇シャッフル・ゲーム ・指導者と色を確認する。 ・指導者が指したカードが何色か当てる。	・シャッフル・ゲームをすることを告げる。児童が描いた虹の色の中から4枚程度を黒板に張りながら、カードの色を児童と確認する。 T: Let's play the Shuffle Game. Look at the board.	
	〈活動の手順〉 •児童と色を言いながら、順に色カードを裏返す。 •児童に入れ替えた順が分かるように2、3回入れ替える。 •1枚のカードを指し、What color?と児童に尋ねる。	ゲーム等の活動は、活動の仕方や手順を分かりやすく書く。	
…	…	…	…
5分	・本時の活動を振り返り、 振り返りカードに記入する。	・児童の英語を使おうとする態度についてよかったところを称賛する。	振り返りカード
2分	〇Goodbye Song ・挨拶をする。	・児童と一緒に歌う。 ・挨拶をする。	デジタル教材

◎学習指導案作成の留意点

・まず授業の中心となる学習活動を設定し、次にその活動に向けての事前活動・さらに学習活動後のまとめ・振り返りをどう行うか、を決めるとよい。1回の授業に取り入れたい活動をたくさん入れ過ぎると消化不良に終わる可能性が高い。

・授業進行に慣れないと感じた場合は、あらかじめ「シナリオ」を準備し、その中で「この場面でこのような英語を使う」「ここで児童に英語でこう尋ねる」「ここは日本語を使う」等を設定して臨むとよい。授業経験が浅い場合、シナリオなしで授業に臨むとことばが出てこず失敗する可能性が高い。シナリオを修正・継続する中で自分の中で活用のバリエーションが増え、徐々にシナリオを設定しなくても授業が展開できるようになる。

・リハーサルを実際に行い、所要時間をチェックすること。授業は最初の計画通りの時間設定で進むことはかなりまれである。同僚や実習仲間に児童役をやってもらって実際にチェックすると所要時間が把握しやすくなり、時間の持て余しや時間不足が最小限にとどまるであろう。また児童役をやってもらうことで児童の視点からのアドバイスを受けることができる。余裕があれば、時間を持て余した場合に備えて予備の活動を考えておいてもよい。

・一つの活動を続ける時間は５分前後が基本。これを上回ると児童の集中力が持たない恐れがある。

・作成した指導案はできる限り色々な先生に見てもらいアドバイスをもらうことで改善のヒントとなる。また教育実習の場合は実習生同士で指導案を見せ合い検討しあうことも指導案の改善に役立つであろう。

・授業実践後は、作成した学習指導案を見ながら実際の授業展開を思い起こし、うまくいった点、上手くいかなかった点を学習指導案上に記載・チェックするとともに、空いたスペースにその他の気づきを記入し、ファイリングしておくと、今後の授業計画等に役立つであろう。

＜課題＞

４人グループを作り、小学校英語教科書より１単元分を選び、単元計画をグループ全員で作成の上、各自担当時間を決め、その学習指導案を作成してみよう。

＜付録：*We Can 2*、Unit 5＞

＜COLUMN 4＞

自らの学習を調整するために～振り返りシートの作成と活用～

平成29年の学習指導要領改訂により、観点別学習状況の評価の観点が３観点に整理されました。「主体的に学習に取り組む態度」では、知識・技能を獲得したり、思考力・判断力・表現力を身に付けたりすることに向けた粘り強い取組を行おうとする側面と、自らの学習を調整しようとする側面の二つの面から評価することが求められています。子ども自身が学習状況を把握するためにも振り返りの時間は欠かせません。振り返りをより充実させるためには、どうすればよいのでしょうか。

まず、振り返りシートの作成についてです。作成の際に、私は次の３点を意識するようにしています。①単元のゴール（目指すべき姿）を言葉ではっきりと示し、子どもたちと共有する。②本時のねらいと振り返りシートの目標を一致させる。③振り返る場面や活動を絞る、ということです。

「授業は楽しかったか」「英語をたくさん話せたか」という質問をよく見かけます。もちろん、楽しく学ぶことやアウトプットは大切です。しかし、これらの質問では授業のどの場面を振り返ればよいか、その授業を通して何ができるようになったかが曖昧になってしまいます。例えば、自己紹介を題材とした単元であれば、「インタビュー活動で、友達に好きなものをたずねることができた」「名刺交換で、自分の名前のつづりを友達に正しく伝えることができたか」など、具体的な場面とできたことを問う質問が望ましいと考えます。

次に、振り返りシートの活用についてです。達成度を自己評価するとき、実際の到達度より低いまたは高い評価をつけてしまう子がいます。そこで必要なのが教師の評価と声掛けです。できていることや課題に対してコメントしたり感想を紹介したりすることで、子どもたちの自信や気付きにつなげることができます。また、活動中によさを直接褒めたり、振り返りを行う前にパフォーマンスのよい例を見せたりすることも有効な手段の一つです。これらを継続することで、自分で適切に評価できる子を増やすことができると考えます。

振り返りで重要なのは、何がどの程度できて何が足りないかを正確に把握することです。目標達成のために必要なことを考えることで、自らの学習を調整する力を伸ばすことができるのではないでしょうか。

（伊瀬　吏沙）

Unit 15　補助題材の選定、教材研究

［目標］題材の選定、教材研究の仕方について理解し、適切に題材選定・教材研究ができる。

1．授業で使用する教科書以外の教材・教具

令和2年に小学校5、6年では「外国語（英語）」という新教科が正式に導入され、新教科書7種類が発刊された。授業においては教科書を主教材として活用することになるが、それ以外にも様々な教材教具を活用することで授業をより効果的に行うことが可能になる。その教材教具例として『研修ガイドブック』では以下のものを挙げている：

地図、世界地図、地球儀、ウォール・チャート、パネル、広告、英語ポスター、絵カード、パンフレット、様々な具体物、児童たちの作品、キャラクター人形、パペット、写真、副読本、絵本、ワークシート、かるた等のカード、インタビューカード、色カード、おはじき、チップ、世界のコイン、CD、DVD、ビデオ、コンピュータ（インターネット）　等

前Unitで令和元年まで使用されていた小学校外国語教材We Can 2のUnit 5の単元指導計画を取り上げたので、実際の授業でどのような教材・教具が教科書と合わせて必要となるかを『研修ガイドブック』より抽出する。

表1　*We Can 2* Lesson 5 My Summer Vacation 活動別教材・教具

授業時	活　動	教材・教具
1	Let's Listen①	デジタル教材・テキスト
	Let's Play	絵カード（施設場所・動作・食べ物）・テキスト
	Let's Read and Write	デジタル教材・ワークシート（書き写し用）
	振り返り	振り返りシート
2	Let's Play	絵カード（施設場所・動作・食べ物）
	Let's Watch and Think①	デジタル教材・テキスト
	Let's Play	絵カード（感想を表す形容詞）
	Let's Chant	デジタル教材
	Let's Read and Write	デジタル教材・ワークシート（書き写し用）
	Sounds and Letters	デジタル教材・ワークシート（書き写し用・4線）・テキスト
	振り返り	振り返りシート

授業時	活　動	教材・教具
3	Let's Chant Let's Play Let's Read and Write 振り返り	デジタル教材 絵カード（感想を表す形容詞）・テキスト デジタル教材・ワークシート（書き写し用） 振り返りシート
4	Let's Chant Let's Listen② Let's Play Let's Read and Write Sounds and Letters 振り返り	デジタル教材 デジタル教材・テキスト 絵カード（食べ物） デジタル教材・ワークシート（書き写し用） デジタル教材・ワークシート（書き写し用・4線）・テキスト 振り返りシート
5	Let's Watch and Think② Let's Play Let's Read and Write 振り返り	デジタル教材・テキスト 絵カード（施設場所・食べ物・感想を表す形容詞） デジタル教材・ワークシート（書き写し用） 振り返りシート
6	Let's Chant Let's Listen③ Let's Play Let's Talk Sounds and Letters 振り返り	デジタル教材 デジタル教材・テキスト 絵カード（動作・食べ物・感想を表す形容詞＜単語付き＞） テキスト デジタル教材・ワークシート（書き写し用・4線）・テキスト 振り返りシート
7	Let's Read and Watch Let's Read and Write Activity 振り返り	デジタル教材 ポートフォリオ（児童がこれまで記入してきたワークシート） テキスト 振り返りシート
8	Let's Read and Write Activity Story Time 振り返り	ワークシート（思い出アルバム用清書シート） ワークシート（思い出アルバム用清書シート） デジタル教材 振り返りシート

注1：「振り返りシート」とは、授業の最後に「本時の目当て」や学習・活動内容について児童が自己評価するためのシートのことである。次ページに『研修ガイドブック』中にある外国語活動・外国語の振り返りシート例を示す。レイアウトや質問項目・質問数・規準等は学校・学級の実態に合わせて独自のものを作成するとよいが、学期や年間を通して一定のレイアウトに基づいて作成すると、複数分のシートをまとめて振り返る際に児童にとっても教員にとっても見やすくなる。その意味では質問項目も該当unitの目標に関するものだけでなく、学期間・年間を通じて見たときに児童の成長や変化が分かるようなものにしておくとよいであろう。

注2：ポートフォリオ（portfolio）とは、元々「携帯用書類入れ」等のことであるが、外国語学習においては、学習者が過去に取り組んだワークシートや振り返りシートをファイルなどにまとめたものなどを指す。前述の振り返りシート

だけでなく、表中7時間目"Let's Read and Write"のように児童がunit全体を通して取り組んだシートを振り返る際にも活用できる。さらに児童の評価の一観点としても利用が可能である。

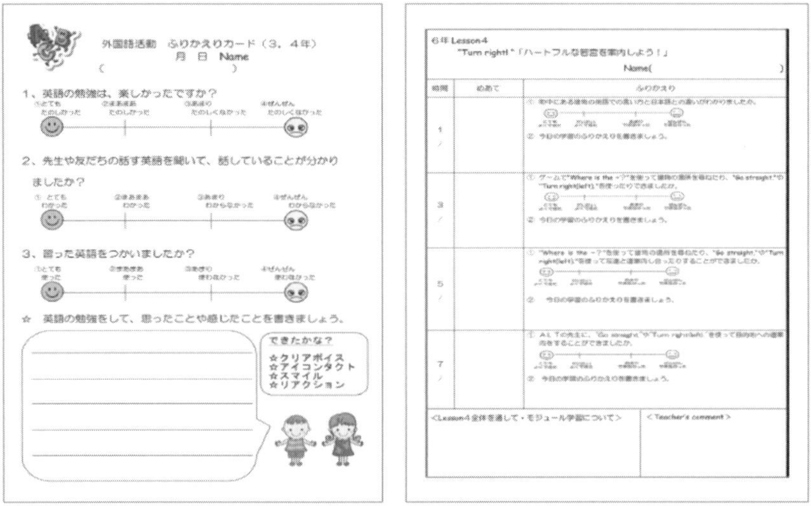

外国語活動　ふりかえりカード（3、4年）
月　日　Name
（　　　　　）

1、英語の勉強は、楽しかったですか？
①とても たのしかった　②まあまあ たのしかった　③あまり たのしくなかった　④ぜんぜん たのしくなかった

2、先生や友だちの話す英語を聞いて、話していることが分かりましたか？
①とても わかった　②まあまあ わかった　③あまり わからなかった　④ぜんぜん わからなかった

3、習った英語をつかいましたか？
①とても 使った　②まあまあ 使った　③あまり 使わなかった　④ぜんぜん 使わなかった

☆　英語の勉強をして、思ったことや感じたことを書きましょう。

できたかな？
☆クリアボイス
☆アイコンタクト
☆スマイル
☆リアクション

6年 Lesson4
"Turn right!"
Name(　　　　　)

時間	めあて	ふりかえり
1 /		② 今日の学習のふりかえりを書きましょう。
3 /		② 今日の学習のふりかえりを書きましょう。
5 /		② 今日の学習のふりかえりを書きましょう。
7 /		② 今日の学習のふりかえりを書きましょう。

<Lesson4全体を通して・モジュール学習について>	<Teacher's comment>

図1　振り返りシートの例（文部科学省、2017より）

ここまではあくまで一例であり、例えば電子黒板の使用が叶わない場合には拡大した絵、CD、実演等の手段で代替を行う必要もあろう。またさらに教具を加える、あるいはオリジナル教材を作成することで活動がバラエティーに富むものになるであろう。さらに振り返りシート中の項目を「～できる、できた」というcan-do statements（Unit 14　参照）から構成された、いわゆるcan-doリストの形式をとることも可能である。

2. 教材教具の使用目的・チェック

上記の単元と使用教材教具表を比較すると、特定の活動に応じて特定の教材教具が選択され使用されていることが分かる。つまり使う副教材・教具を先に考えるのではなく、まず活動の「目標・目的・内容」を把握し、同時に児童の興味関心や学級や学校の実態も同時に考慮することが最初である。その上で言語の使用場面や言語の働きに関する気づきの手助けになり得る教材教具を選ぶと効果的な指導に役立つであろう。例えば阿部（2018）は3つの育成すべき資質・能力に応じた視点を紹介している。「知識・技能」については、4技能と異文化理解、という視点でカード、ICT教材、絵本などの使用が考えられる。また「思考力・判断力・表現力等」では既習事項の活用という視点での他教科教材、他者配慮や目的・場面・状況に応じたコミュニケーションと言う視点でのDVD等の教材、さらに日本と異なる文化・背景を持つ人々への表現という視点でのポスター作成用教材やSKYPE等のSNS活用などが考えられる。さらに「学びに向かう力・人間性等」では、児童の自律的な学習への動機づけ、という視点で児童に身近なレアリア（実物・生教材）や写真・動画などを活かした独自教材、というように随時考案・選択することが可能である、としている。

阿部（2018）はさらに、教材選択の「適切性」という見地でも留意点を指摘している。まず「分かりやすさ」として、児童の教室内の位置に関わらずちゃんと見えるか、ちゃんと聞こえるかどうか、をチェックすべきである、としている。次に「扱いやすさ」として、教材や機材の持ち運び・取り外し等の機能性だけでなく、捜査の慣れやそもそも作動するかどうかの事前チェックは前提として必要である。さらに危険性がないか、児童に使用を求める場合触れやすいのか、なども予め確かめることが欠かせない、としている。さらに「適切さ」として、児童の発達段階、使用場面、音声の質などの点で適切であるかどうかの配慮が欠かせないとしている。加えて、多様な児童や活動に合わせて例えば英語音声の速度や教材字体の難易度調整が可能であれば、選択の幅だけでなく活動自体のバリエーションも増えることになる。上記以外にも、段階的な達成感が得られること、コミュニケーション・自己表現を楽しく行えること、生活に密着した身近な内容であること、児童の知的好奇心や興味を刺激する内容であること、異文化理解を促進する内容であること、を留意事項として指摘し、最後に倫理的配慮（ジェンダー・人権など）という視点も重要である、としている。

3. 教材研究について：教科書「で」教える

教材研究においては、前unitでの指導案決定、使用教材教具の選定とともに、各活動をどのように行うのかについて、英語の場合はもちろん、日本語で指示する際にも、ある程度のシナリオをあらかじめ検討しておくことも必要である。令和2年以降の小学校5、6年生新教科「外国語」では教科書を主教材として使用することになるが、教科書のあるページの活動を行う際に例えば、“Please open your textbook and look at page ○. Look at the practice:【Let’s Listen】. Listen to the CD and write down…”という形で指示してしまうといかにも機械的で、問いの答えを見つけること自体が目的化してしまうことになる。いきなり問題に入るのではなく、問題の設定場面・語彙・興味付け等についての導入が必要であろう。そしてこれは思い付きでできることではないため、事前にある程度のシナリオを考えておく必要も生じる。

もう一つ、教科書の練習・activity自体をそのまま行うのか、実態に応じてアレンジするのかについても注意が必要な場合がある。例えば学年最初のunitは大抵級友と知り合うまたは自己紹介という活動が入ることが多いが、もしクラス替えがなく全く同じ級友同士で新学年を迎える場合に級友と知り合う、または自己紹介をしたとしてもお互いによく知っているために必然性が生まれず、ただ活動をするだけの「こころ」が欠ける活動になる恐れがある。例えば外国語活動教材*Let’s Try 1*のUnit 1では異なる国から来た子どもたちの挨拶を聞いて線で結び、次のページに挨拶をして名前を言い合う活動が設定されているが、これを以下のようなアレンジすることも可能であろう。

1) 4ページの活動後に、国旗とその国の挨拶を聞き分け、口に出す練習をし、国旗を見るとその国の挨拶が言えるくらいまで練習する。

2) 児童それぞれに7つ（日本を含む）出身国と異なる名前を振り分けたカードを渡す。そのカードを他の級友に見せないように指示する。

3) （全体に）皆さんは、日本で行われている子どもの国際交流の集まりに来ています。ここにきている子どもたちは、日本人でなくても、日本に来る前に自分の国のカタカナ表記と、挨拶、自分の名前、「はい・いいえ」を日本語でどう言うかを練習してきています。これからお互いに短い話をする時間が2分間設けられます。制限時間内に可能な限り多くの参加者とあいさつと名前を言い合ってください。その際に、挨拶の言葉からどこの国から来たのかを自分で記入し、相手の名前は書いてもらってください。

表2　アレンジ活動のハンドアウト例

	国名（自分が書く）	名前（相手に書いてもらう）
友だち1		
友だち2		
友だち3		
友だち4		
友だち5		

よく「教科書を教える」のではなく「教科書で教える」ということが授業成功の重要なカギであると言われる。教科書は既に発行済みでありそれに記されている内容や活動は変更できない。しかし教科書を使って授業を行うのは教師自身であり、教科書の調理法も教員に任されている。つまり、指導目標を念頭に置き、児童の実態に合わせて教材をアレンジすることで、教材に必然性という命を吹き込むことも必要となるのである。もし対話例の最初のセリフが唐突に思えるときには、例えばその対話例が唐突にならないような場面設定を考えてその設定場面の中で使う可能性のある語句や表現に慣れ親しませた上で対話練習に移る、若しくはその対話が起こり得る場面を児童に考えさせる、などが考えられる。児童は大人が考える以上に発想が豊かであるため、思いもしない設定場面を思いつくかもしれない。また日本と他国での文化・習慣の違いなどを考慮すると、一見不自然に見えるテーマが実は十分可能性のある場面になっている場合もあるため、教材分析には異文化理解等幅広い観点が必要であろう。

＜課題＞

小学校外国語教科書を1冊準備し、その中から一つ練習活動を選び、その練習活動を行う前に日本語または英語でどのような前置きや指示をするかを、日本語・英語それぞれの指示で考え、ペア同士で発表し合いなさい。

Unit 16　ALTとのティーム・ティーチングによる指導の在り方

> [目標] ALTとのティーム・ティーチングによる指導の在り方について理解している。

1. ティーム・ティーチング (team teaching) の意義

(1)「ティーム」としての意義

ティーム・ティーチングの意義とは何であろうか。まず一人ではなく複数の指導者による授業であるため、ある対話場面で複数の対話例を実際に見せることが可能になるため、児童にとって状況をより明確に把握できる。特に担任教員と外国語指導助手 (ALT) が英語で対話する様子を児童に見せることにより、担任教員が英語母語話者と「自然な様子で堂々と英語で対話をする日本人英語話者」のモデルとして児童に示すことで児童に大きな影響を与えることが期待できる。また、「教室内の児童を一人の目ではなく二人 [またはそれ以上] の目で見守り、指導する (文部科学省、2017)」ことも大きなメリットである。

表1　ティーム・ティーチングにおける役割分担 (文部科学省、2017等より)

	学級担任	ALT、専科教員、地域人材
強み	児童の理解	英語・英語教育の専門知識
授業設計	【授業のデザイン】 ・学級の実態に合わせた活動計画の作成、授業展開 ・他教科等との連携	【授業設計への協力】 ・外国語指導の点から学級担任を支援し、活動計画と授業展開を考える
実施	【授業のコーディネーター】 ・児童へ安心感を与え、児童とALT等をつなぐ	【コミュニケーションの相手】 ・英語のインプットを与える ・適切なフィードバックを与える ・異文化理解の点から指導を行う
評価	・態度面	・「知識・技能」「思考・判断・表現」

(2) ALT等を活用する意義

ALTを活用する利点としては、ALTや地域人材講師の自然な英語の発音・表現を児童にインプットできること、ALTや地域人材講師の経験や知識を生かして、自然な流れで異文化理解を扱うことができる点が挙げられる。様々な視聴覚教材やICT教材が発達しているが、目の前で実際に話を聞くことができるというのは、児童にとって普段なかなかできない体験であり、学習への興味関心の喚起に役立つ。さらに、児童が実際に母語話者と英語でやり取りをすることができるのも大きなメリットである。実際に母語話者とやり取りをする中で、児童は「英語が通じた」「話していることが分かった」などの自信を得ることができる。さらに児童の知らない英語表現に対してALTが易しい英語で説明するのを聞かせることで、児童の気づきの喚起につながる場合もある。筆者が目にした経験では、ALTと児童がやり取り練習をしていて、'vet'という単語を児童が分からないと気づくと、そのALTは持参していた動物の人形を使って"A vet. When an animal feels bad［気分が悪いジェスチャーで］"oh, help me"、oh OK.［治療する仕草］"Oh, thank you"［象が元気に歩いていくように人形を動かす］So, you are a vet."と説明するとその児童も理解した様子で、周りの児童も「あ～お医者さんか」と反応していた。

(3) 担任教員が指導する意義

一方担任教員ならではのメリットとしてまず挙げられるのは児童との強い信頼関係である。外国語（活動）授業を担任が担当することで、児童はより安心して授業に臨むことができる。特に児童がまたALTに慣れていない段階では、授業で何か困ったことが起こると、児童は担任の先生を探して「どうしよう」「どういうこと？」と目で訴える様子をよく目にする。授業内容やALTの発言を理解していないと判断した場合に、担任教員は個々の児童に対して状況に応じて臨機応変に対応（易しい英語での言い換え、ジェスチャー、日本語での支援、等）することができる。さらに児童の鋭いつぶやきを適宜取り上げて、授業展開に利用することも可能である。またALTが児童の名前を把握し切れていない際には担任教員が指名役となる必要がある。

また授業設計の段階でも、児童それぞれの発達段階や状況を把握したうえで授業内容を考えることができる。さらにALT（・英語専科教員）は基本的に外国語のみの担当となるが、担任教員はその他多くの教科を担当するため、他教科の内容を取り入れた授業計画を行うことができる。そして、英語指導者としてだけではなく、時には英語学習者として児童と一緒に英語を使い学ぶ姿を見せることができるのも大きなメリットである。

2. ティーム・ティーチングにおける役割分担

次に授業展開における担任教員とALTに求められる役割について、『研修ガイドブック』に簡潔にまとめてあるので以下に示す：

表2　ティーム・ティーチング授業における役割分担（文部科学省、2017より）

	担任教員等に求められる役割	ALTに求められる役割
授業準備・授業前	・児童の実状、興味・関心と単元の題材に合ったコミュニケーション活動の設定をする ・役割分担を示し、メインの活動と学習の流れについて打ち合わせをする	・担任の考えたコミュニケーション活動に必要な単語や表現を準備する ・単元に関連して提示できる自国の文化等を紹介する素材を準備する
授業中	・児童の理解の様子をよく観察しながら授業を進める ・ALTとともに活動の仕方を示す ・児童の日本語によるつぶやきや気付きを拾い、ALTに易しい英語で言わせる ・ALTの発言を繰り返させて児童に聞かせたり、スピードを変えさせたりし、児童に英語を聞かせる ・評価について分担して行い、振り返りの活動では、児童の活動の様子について情意面で気付いたことをほめる	・学級担任等とともに、活動の仕方を示す ・単元に合った自国の文化や生活等について紹介し、児童とインタラクションしながら、お互いの国の様子やALT自身について知ってもらう ・児童のつぶやきや気付きを、児童から直接、または、学級担任等を介して受け取り、易しい英語やジェスチャーを使って分かり易く示す ・正しい発音を繰り返し聞かせる ・学習した英語を使って児童と会話する ・評価について分担して行い、振り返りの活動では、児童の活動の様子について技能面を中心にほめる
授業後	・ともに、指導についての評価を行い、改善方法について話し合う ・児童の学習状況について、気付いたことや発見したことを共有する	

留意点としては、まず協同で授業を担当するということをお互いに確認し合うことである。片方のみが指導し、もう片方がただ見ているだけという状況はもはやティーム・ティーチングとは言えない。授業の主導権は児童のことをよく知っている担任教員が握って進めることが望ましいが、中には自分の英語力を心配する教員もいるかもしれない。しかし、小学校の外国語授業で扱う英語は児童が理解可能なレベルである必要があるため、教員が使う英語も難しいものにはならない。筆者が新規ALTを連れて小学校を訪問した際、当時の小学校の先生方は自分の英語力に不安を持ち、最初は教室の後ろで児童の近くにいる、というケースが目立った。そこである日筆者とALTで、使う英語を簡単なものに留め、その分ジェスチャーや絵・人形などを多用して授業を展開した。また近隣の中学校英語教員もよく小学校を訪れて、ALTと授業を行うことがあった。その様子を見るうちに、小学校教員も「これなら自分でもできそう」と思ったようで、それ以降少しずつ教室の前に立ちALTと英語でやり取りを行い、授業進行を主導するようになった。ある授業で担任教員とALTが挨拶の

やり取りのモデルを児童の前で見せた時、担任教員がバイオリンを演奏する様子をジェスチャーで示しなら話すと児童が大きく反応し、やり取り後には先生に向かって「すごい」「先生かっこよかったよ！」と口々に言い、その後児童とALTとがあいさつのやり取りを練習する際にも一生懸命取り組んでいた。

3. 外国語（活動）授業での日本人教員による英語使用

ティーム・ティーチングに限らず、外国語の授業では担任教員が積極的に英語を使用することは様々な点で意義深い。第一に、担任教員が児童の先頭に立って英語を積極的に使用する「姿」を見せる点にある。少々のミスは気にせず（母語話者でさえミスをすることはある）「堂々と」英語を使って見せることが大切である。ALTと対話をする様子を見せることで、児童に「自分にもできるかもしれない」と思わせることができる。また、英語を積極的に使用することで、他教科と異なる「英語の時間」独自の雰囲気の中で児童も「今は英語を使う時間だ」と頭を切り替えることができる。加えて英語を多く使用することで児童により多くのインプットを与えることができる。もし日本人教員に発音等で自信が持てない場合は、話す英語やタイミングなどを台本のように事前に考えておき練習をしておくとよい（むしろ発音が完璧でない方が児童は「自分でもできるかも」とより強く思うかもしれない）。前述の通り筆者がALTとのティーム・ティーチングを訪問先の小学校で行った際には、事前に使う英語表現や使うタイミングなどを考えた。普段高校で使っている英語では児童が理解できないことは容易に想像できたので、分かりやすくかみ砕いた英語表現を事前に考えた上で授業に臨んだ。そして授業中は、

・ゆっくり、はっきり話すよう意識的に心がける。
・表情、ジェスチャー、具体的動作などをたくさん取り入れる。
・絵、人形、写真、実物などを準備する。
・複雑な表現は使わず、短い文で伝え、難しそうな場合は具体例を示す。
・児童が発した言葉にしっかり反応する。それが不完全な英語表現や日本語であったとしても、まずは表現ができたことを褒め、正しい表現で言い直しながら児童の発言を理解できたことを伝える。

などを意識していた。流暢過ぎる英語は児童生徒にとってはかえって聞く上で負担となる危険性を伴う。実際に経験豊かなALTが授業中に使う英語をよく聞くと、普段母語話者同士で使うものとは違い、理解しやすいように上記の点に留意して、表現を調整している。

最後に、授業中に何か疑問点等が出た場合は、すぐにALTと共通理解を図ることが大切である。児童が活動や練習に取り組んでいる間に、児童の妨げとならないように必要に応じて確認し合うとよい。児童は活動中も案外教員の様子は観察しているもので、担当教員とALTがやり取りしている様子も何気なく見ている。そこで簡単な英語でいいのでやり取りをしている様子を観察している児童にとっては「日本人と英語母語話者が自然に英語でやり取りをしている」場面の目撃となり、前向きな動機づけとなり得る。

4. 授業の事前打ち合わせ・振り返り

ティーム・ティーチングの成功のためには、授業の打ち合わせ・授業後の振り返りを行うことも欠かせない。小学校では児童が帰宅するまで基本的に放課後まで空き時間の確保は困難なため、振り返りや次回授業の打ち合わせ時間は大抵放課後の限られた時間になる。従って長期的な計画案については夏季等の長期休業中の学校訪問や、綿密なメールのやり取り等で共通理解を築いておく必要がある。その時に一般的説明と合わせて授業の年間の流れ等を話し合っておくと、より円滑に授業に入りやすくなる。授業前の確認も、当日の打ち合わせができない場合を想定して、事前にメール等で授業指導案や必要物等に関するやり取りを行うとよい。また英語表記が可能な指導案フォーマットも準備しておくとよい。特に授業や活動のねらい、お互いの役割分担、「「何を」「どの場面で」「誰と」「どのように」するのか(文部科学省、2017)」については、特にお互いにまだ慣れていない段階では綿密に確認し合っておくとよい。そこまでを授業前日までに確認しておけば、当日はお互いの英語やり取りの練習・確認ができる程度の短時間の直前確認で授業に臨むことができるであろう。

そして授業後に振り返りの時間を確保することも重要である。どんなに周到に計画し準備をしたティーム・ティーチング授業であっても、全てが思い通りにいくことはなかなかない。その時にお互いに授業を振り返って次回以降どうするかを含めて話をする時間を確保することも必要である。因みに話し合いの時間は、最初はある程度かかるかもしれないが、お互いに慣れてくると短時間で済むようになる。

最後に、日本とALT出身国間で労働慣習に違いがある場合もあるため、ALTを学校に迎える場合は、外国語指導助手所属都道府県若しくは市町村教育委員会が出している就業規則を事前に入手しておくことをお勧めする。また授業以外にも、ALTと何らかの形で触れ合うことはお互いの異文化理解につながる。ティーム・ティーチング以外にも、より多くの教員がALTと触れ合うことで、ALTも学校により親しみを持ち、日本への興味をさらに持つであろう。それは日本人教員にとっても同様である。児童だけではなく、教員にとっての異文化理解のための貴重な経験と捉えて交流するといいのではないだろうか。

＜課題＞

小学校教科書の中で一つUnitを決め、team teachingを行うという想定で、担任教員・ALTそれぞれのunitに応じた具体的な役割分担を列挙しなさい。

Unit 17　ICT等の活用の仕方

[目標] ICT等の効果的な活用の仕方について理解し、指導に生かすことができる。

1. 教育機器の活用について

教育機器の活用については、まず、機器そのものの機能を十分に理解すること、次に子どもの実態を把握すること、さらに、指導内容、教材の特徴、特質を十全に考慮に入れることが求められる。

今迄、教育現場では教育機器の活用は、その時々の科学技術の進歩により、英語教育の場合だけでも、振り返るに、Tape recorder、LL教室（Language Laboratory)、Overhead Projector 、CD、DVD、実物投影機、電子黒板、デジタル教科書など様々な機器が活用されてきた。ただし、それぞれの機器がその特性を十分生かして活用されてきたかについては検討する必要がある。

いかに優れた教育機器であっても子どの実態に応じて活用することが求められる。すなわち、指導目標と子どもの実態を踏まえて、熟考しながら教育機器を活用することがもとめられているので、その時時の風潮に押され闇雲に機器を活用することで教育効果が上がるという訳ではないことに留意することが必要である。

2. 視聴覚教材・ITC活用の効果

文部科学省の「ガイドブック」によると、視聴覚教材・ITC活用の効果について次のような説明があるので確認したい。ITCとは、情報通信技術のことで、Information and Communication Technologyの略である。

・実物や写真等を大きく、見やすく提示することで、児童の集中力を高める。
・世界各地の映像や動画等の素材を活用することで、児童の興味・関心を高めることができる。
・インターネットを介し、学校外の人物と会話したり情報を収集したりすることができる。
・動画を要所で一時停止し、静止画像として活用したり、解説を加えたりできる。

・ネイティブ・スピーカーの発音に触れ、日本語と英語の音声の違いに気付かせることができる。

・プレゼンテーション用ソフトを使用し、文字や文構造等の指導のポイントを明確に示すことができる。

・個々の学習の履歴として記録し、学習のまとめや振り返り時において、繰り返し再生したり見直したりすることができる。

などの効果があると考えられている。

3. 効果的な活用のための留意点

視聴覚教材やITCの活用は、指導者にとっても子どもたちにとっても興味・関心を喚起するなど魅力的な学習活動が期待される。しかし、外国語活動や外国語科において求められることに有効に活用することである。

それは、まず外国語学習で求められる「多量のインプット」とともに、その「インプットを踏まえてオーセンティックなコミュニケーションの場の確保」である。視聴覚教材やITCを視聴してただ面白い、楽しいだけで学習活動が終わることがないように十分に留意する必要がある。

すなわち、視聴覚教材やITCの活用は、ガイドブックによると「生きたコミュニケーションを経験するのに必要な手立て」のひとつであることを念頭に、それらの教材を活用するねらいを明確にして活用することが必要である。

4. 視聴覚教材・ITCの効果的な活用のために！

ここでは視聴覚教材・ITCの効果的な活用のために具体の方法について確認する。まず学校の外国語活動や外国語科の学習活動や言語活動の場面では、オーセンティックな場面・状況を設定してその場面・状況に埋め込まれた表現のやり取りが求められている。このことから視聴覚教材やITCは教室内でその様な場面・状況を創出するために活用することを念頭におく必要がある。

そのために、視聴覚教材やITCの活用方法につて習熟することは前提条件である。具体的な活用方法として次のような活用方法が考えられる。

まず、授業の指導過程を考えるに、導入・展開・終末（振り返り）のそれぞれの部分に分けて考えると、導入の部分で、「実物や写真等を大きく、見やすく提示することで、児童の集中力を高める」ことが考えられる。実物、写真等を効果的に活用して、また、これらの素材を電子黒板で提示して、オーセンティックな場面・状況を創出することができる。

次に、その一環として、子どもたちの日常的な生活場面を素材とするオーセンティックな場面・状況だけではなくて教材の内容によっては、「世界各地の映像や動画等の素材を活用することで、児童の興味・関心を高める」ことができし、さらに、「インターネットを介し、学校外の人物と会話したり情報を収集したりする」こともできる。学習活動や言語活動を行う場面・状況を効果的に設定するよう活用することができるのである。

また、それらの場面・状況を設定して具体の素材を活用する場面では、「動画を要所で一時停止し、静止画像として活用したり、解説を加えたり」することができて、場面・状況を焦点化して示すこともできる。

さらに、発音・音声指導に効果的に活用することができる。しかしながら、その際、「ネイティブ・スピーカーの発音をよく聴きましょう」だけの指導では十分ではなく、映像がある場合は口の形、息遣いなど、「ネイティブ・スピーカーの発音に触れ、日本語と英語の音声の違いに気付かせる」ことができるのである。これは教師にとっても自分の英語の発音を確認することにも役立つ。

最後に、文字を読んだり書いたりするために教材を提示する際、「プレゼンテーション用ソフトを使用し、文字や文構造等の指導のポイントを明確に示す」ことができるようにするなどの工夫が考えられる。

5. 評価資料として活用するための資料として！

ここまでは、視聴覚教材・ITCを教材として効果的に活用するための手立てについて確認してきた。ここでは子どもの授業中のパフォーマンスについて確認するための手立てについて考えたい。

まず考えられるのは、子どものパフォーマンスを録画することである。現在、「指導と評価の一体化」が求められてはいるものの、指導の過程で子どもの活動の様子を可能な限り確認することは必要なことではあるが、指導があってその後に評価があることから指導に注意が向くことは自然なことである。

したがって、それを補完するために授業の終末で子どもに授業中の取組を振り返ることを求めることがよく行われている。その際にも、授業での取組を、例えば、ビデオに録画しておくことで、「個々の学習の履歴として記録し、学習のまとめや振り返り時において、繰り返し再生したり見直したりする」ことができる。

さらに、その録画資料は、教師が事後に丁寧に評価することができることだけではなく、前述のように子ども自身が事後に自分自身の様子をさらに振り返り、他者から言われるまでもなく、自分自身で自分自身の課題を発見したり、気付いたりする資料として活用することができるのである。

また、教師の側からすると授業全体の構成や、場面ごとの指導の様子、指示の出し方などが適切であったかどうかなどを確認するための資料としても活用することができる。例えば、授業の導入部分においてよく行われるウォーミングアップとして、毎時間行われる「Small Talk」の活動の様子を継続的に録画して、学年のはじめとおわりの録画を比較することで、教師自身の指導力の伸長の様子だけではなく子どもたちの「Small Talk」に対する反応の様子などの変化を確認することもできるのである。

6. おわりに！

授業にはねらい、目標があり、その目標の実現のために学習活動が組まれ配置されていてその中で効果的に視聴覚教材・ITCを活用するのであり、これらの活用は手立てであり、手段であることを肝に銘ずることが必要である。最新の視聴覚教材やITCの機能面のみに目を奪われて、目標と手段が逆転しないように注意することが肝要である。

＜課題＞

自分の身の周りにある視聴覚教材やITCの活用について実際の授業の指導過程に位置付けてその活用方法を構想してください。

Unit 18　学習状況の評価（パフォーマンス評価や学習到達目標の活用を含む）

［目標］学習状況の評価（パフォーマンス評価や学習到達目標の活用を含む）について理解している。

1. 観点別学習状況の評価の実際

評価に対する妥当性、信頼性等を高めることが求められている。そのためには、それぞれの学校で観点別学習状況の評価を観点ごとにまとめたり、評定へ総括したりする考え方や方法について職員間で共通理解を図り、児童生徒及び保護者に十分説明をして理解を得ることが必要である。

また、観点別学習状況の評価をまとめる時期を、単元末、学期末、学年末とした場合、どの段階で、どの評価情報（資料）に基づいて評価するかによって、結果に微妙な違いが生ずることも考えられる。

ここでは、学期ごとの観点別学習状況の評価において、観点ごとにまとめうるひとつの考え方や方法について紹介する。まず、単元内では、ひとつの評価規準に複数回評価の機会をもつことが望ましい。そしてそれぞれの単元で観点ごとの評価をまとめる。

すなわち、まず単元ごとに「知識・技能」「思考・判断・表現」「主体的に学習に取り組む態度」の観点別学習状況の評価を行う。それが例えば、「B」「B」「B」と評価されたとする。これを記録にとどめる。そして、その学期で4つの単元を学習したとして、観点「知識・技能」の評価が、「BBBB」と評価された場合、この観点の当該学期の評価は「B」と考えられる。「BBAA」の場合は、「A」かもしれないし、「B」であるかもしれない。その際、総括の仕方は学校であらかじめ確認しておくことが必要である。

さらに、学期ごとの観点別学習状況の評価をまとめて、学年の評価を求めることになる。3学期制のもとで、「知識・技能」の学期ごとの評価が、「AAB」であれば学年の評価は「A」と考えられる。学校が3学期制であれば、ひとつの観点の評価「A」「B」「C」の組み合わせは全部で10通りあり、どの組み合わせを「A」とするか「B」とするか「C」とするかあらかじめ確認しておく。

最後に、学期末や学年末において観点別学習状況の評価を、「評定」へ総括する。例えば、3学期制の1学期末の3つの観点の評価が、「A」「A」「B」である場合、評定を「3」とするのか「2」とするのか、これも学年はじめの段階での確認に沿って判断する。同様に学年においても、「知識・技能」の評価が1学期「B」、2学期「B」、3学期「A」としたときに、これをまとめて、「A」とするのか「B」とするのかについても学年はじめに確認しておくことが必要である。ここでは「B」と判断することとする。同様に、「思考・判断・表現」が「B」、「主体的に学習に取り組む態度」が「B」と判断されたとすると、観点別の評価は、「B」「B」「B」となる。学年の評定は「2」と考えることができる。

以上、観点ごとに重み付けなどせずに話を進めてきた。学校が組織として学習指導と学習評価を行う、という考え方と方法を教職員間で十分に確認しておくことが必要である。各観点の評価の具体的な手順を後述の図に示した。

2. 小学校外国語活動と外国語科の評価

小学校外国語活動と外国語科の「話すこと［やり取り］」の目標を確認する。

小学校外国語活動（英語）

1目標

(2) 話すこと［やり取り］

ア　基本的な表現を用いて挨拶、感謝、簡単な指示をしたり、それらに応じたりするようにする。

イ　自分のことや身の回りの物について、動作を交えながら、自分の考えや気持ちなどを、簡単な語句や基本的な表現を用いて伝え合うようにする。

ウ　サポートを受けて、自分の相手のこと及び身の回りの物に関する事柄について、簡単な語句や基本的な表現を用いて質問したり質問に答えたりするようにする。

（注）下線は、執筆者による

小学校外国語科（英語）
1目標
(3) 話すこと［やり取り］
ア　基本的な表現を用いて指示、依頼したり、それらに応じたりすることができるようにする。
イ　日常生活に関する身近で簡単な事柄について、自分の考えや気持ちなどを、簡単な語句や基本的な表現を用いて伝え合うことができるようにする。
ウ　自分や相手のこと及び身の回りの物に関する事柄について、簡単な語句や基本的な表現を用いてその場で質問したり質問に答えたりして、伝え合うことができるようにする。

小学校外国語活動の「話すこと［やり取り］」の目標の文末の表現、下線部を確認すると、「それらに応じたりするようにする」「伝え合うようにする」「答えたりするようにする」とある。一方、同じく小学校外国語科の「話すこと［やり取り］」の目標の文末の表現、下線部を確認すると、「応じたりすることができるようにする」「伝え合うことができるようにする」とある。

この「するようにする」と「できるようにする」の違いは何か。それは外国語活動の、「するようにする」は、英語でのやり取りの中で、その活動をしている場面で、目標アの「基本的な表現を用いて挨拶、感謝、簡単な指示をしたり、それらに応じたりするようにする」ことと考えられる。少なくともその活動場面やその活動が組み込まれている単元の中で同じ様な場面、状況のもとで「応じたりするようにする」ことでよい、ということである。それを確認することで十分であるということになる。

しかし、外国語科の「話すこと［やり取り］」の目標ア「基本的な表現を用いて指示、依頼したり、それらに応じたりすることができるようにする」というのは、この活動が教科書教材のある単元で学習したものであっても、同様の場面に遭遇したときに子どもが目標にある「基本的な表現を用いて指示、依頼したり、それらに応じたりすることができるようにする」ことができなければいけないということである。

であるから、この目標の実現状況は外国語活動の場合と異なり、学期末、または、学年末にも同じ様な場面、状況に遭遇した場合にも、同様の応対ができることが求められているということである。そのことが評価の対象となる。

「～できる」ためには、複数の場面、状況で同様のパフォーマンスを行うことが求められているのである。外国語活動では基本的にその場で行うことがもとめられている。しかし、外国語科の「～できる」はそのような訳にはいかない。

中学校や高等学校についても確認すると、目標の文末は、「～できる」となっている。そこで主たる教材である検定教科書を確認すると、現行の教科書においても同様のことが考えられていて、ある「～できる」能力が教科書の中に複数の活動がインターバルを置いて適切に配置されていることがわかる。また、中学校の教科書においては3年間を見通して活動が組まれているものもあり、ある意味、検定教科書のシラバスをよく吟味することで、CSのねらいに沿った活動を適切に行うことができるのではないかと考えることもできる。指導と評価の観点からもう一度教科書研究を行うことが必要である。

3. 指導と評価の一体化

本来、図「観点別学習状況の評価」の進め方（国立教育政策研究所「参考資料」－平成23年11月－をもとに改変）に沿って指導と評価を行うことが求められている。しかし、当面、検定教科書のシラバスに沿って指導と評価の一体化を実践していく過程で、その信頼性と妥当性の精度を上げ、指導改善につなげるという道筋が無理のない手立てであると考えられるのである。Unit 2の「2. 教科書の研究」を参照されたい。

＜課題＞

「観点別学習状況の評価」に必要な評価資料を書き出してください。

	評価の進め方	留意点・参考資料の活用場面
■単元 単元（UnitやProgramなど）から構成される年間指導計画をまとめる際の「学習内容のまとまり」について、外国語科は「聞くこと」などの５つの領域を踏まえて指導計画上の目標を設定することが大切である。	1 単元又は題材の目標を設定する	○CSの目標と内容を踏まえる。 ○児童生徒の実態、前単元までの学習状況等を踏まえる。 ※「中学校・外国語」を参照、参考
■評価規準 ・設定した目標について、児童生徒がどのような学習状況を実現すればよいのかを具体的に想定したものとする。 ・観点ごとに設定し、「おおむね満足できる」状況を示しめす。	2 評価規準を設定する	活用場面１ ○単元で取り上げる同じ内容の『第２編評価規準に盛り込むべき事項等』を参考にして、評価規準を設定する。 ○上記で設定した目標を踏まえるように留意する。
■「指導と評価の計画」 ・設定した評価規準と評価方法を指導計画に位置付けたものである。	3 評価規準を「指導と評価の計画」に位置付ける	活用場面２ ○評価時期や評価方法などについて、『第３編評価に関する事例』を参考にして、「指導と評価の計画」を作成する。
■評価の目的 ・学習評価を行うにあたっては、児童生徒の学習状況を把握して次の指導に生かすことが重要である。 ・また、指導要録の記録に向けて観点ごとに評価結果を記録に残し、それを総括することが必要である。	4 評価結果のうち「記録に残す場面」を明確にする	活用場面３ ○『第３編評価に関する事例』を参考にして、どんな評価資料（子どもの反応や作品など）を基に、どのような（「おおむね満足できる」状況等の判断の）目安で評価するかを考える。
	5 観点ごとに統括する	活用場面４ ○『第３編評価に関する事例』を参考にして、集まった評価資料やそれに基づく評価結果（A、B、C）などを基礎資料に観点ごとの総括的評価（A、B、C）を記録する。

図：「観点別学習状況の評価」の進め方（国立教育政策研究所「参考資料」をもとに改変）

＜COLUMN 5＞

文字と音のつながり ～ピクチャーカードの使い方の工夫～

新学習指導要領より小学校の外国語科に「読むこと」が新しい領域として加わり、児童への文字指導が本格的に始まります。しかし教室を見渡してみると、具体的な文字指導を受けていないにもかかわらず、綴りを見てそれを読んでいる児童が既に一部にいます。彼らは音声で受けたインプットを基に自分なりの文字と音の対応のルールを作って、英語の読み方を推測しているものと考えられるのです。今は一部の児童がこうして手探りで行っている音と文字との関連付けを、これからは「読むこと」の領域で育んでいくことが必要です。

小学生に英語を推測して読めるようにするためには、イメージと音声そして音声と文字とを丁寧に結びつけることができるような指導が大切です。そのために３種類のピクチャーカードを用いたスモールステップの指導が有効だと考えました。使用するのは①イラストのみのカード、②イラストと文字のカード、③文字のみのカードの３種類です。導入では①のカードを用いながらしっかりと音声を聞かせ、イメージと音声を結びつけるようにします。そして児童が慣れてくると②のカードに代え、文字の部分を示しながら音声を聞かせて文字への認識を高めるようにします。さらに児童が文字を意識できるようになってきたら、音声のスピードに合わせて文字の下をなぞるなどして文字とその音とを結びつけるようにします。最後に児童が絵カードの文字に慣れてきたところで、③のカードに代えるようにします。児童は文字の頭文字の形や文字数、語数といった文字の形から慣れ親しんだ音声を想起したり、ここまでにジングルなどで慣れ親しんだアルファベットの音を繋ぎ合わせたりしながら読み方を推測するようになります。

小学校と中学校の円滑な接続が課題として叫ばれる今、英語の文字指導もその一つです。中学校の英語の授業では最初から③のカードが用いられます。小学校では①や②のカードから始めて英語の読みの推測の仕方を身に付けさせたい。さらに、ピクチャーカードを用いて視覚的に文字と音の接続を図ることで、例えば「blueの最後のeは発音しない」といった発音のルールや「E (e) はEnglishの /I/ とも読むし、elephantの /e/ とも読む」といった文字の音への気づきを促すことも期待できるのです。小学校の外国語科でできるだけたくさんの文字と音のつながりに気づかせることが大切だと思います。

（橋本　美穂）

第 3 部

授業実践に必要な英語力と知識

第 5 章

授業実践に必要な英語力

Unit 19　聞くこと

[目標] 授業実践に必要な「英語を聞き取る力」を身に付けている。

1.「聞くこと」の目標

授業実践に必要な「英語を聞き取る力」を考えるためには、「聞くこと」の教育目標と言語活動の要点をCSで確認する必要がある。小学校CS「外国語活動」と「外国語　英語」における「聞くこと」の「目標」は、それぞれ次のとおりである。

「外国語活動」:

ア　ゆっくりはっきりと話された際に、自分のことや身の回りの物を表す簡単な語句を聞き取るようにする。

イ　ゆっくりはっきりと話された際に、身近で簡単な事柄に関する基本的な表現の意味が分かるようにする。

ウ　文字の読み方が発音されるのを聞いた際に、どの文字であるかが分かるようにする。

「外国語　英語」:

ア　ゆっくりはっきりと話されれば、自分のことや身近で簡単な事柄について、簡単な語句や基本的な表現を聞き取ることができるようにする。

イ　ゆっくりはっきりと話されれば、日常生活に関する身近で簡単な事柄について、具体的な情報を聞き取ることができるようにする。

ウ　ゆっくりはっきりと話されれば、日常生活に関する身近で簡単な事柄について、短い話の概要を捉えることができるようにする。

授業内で児童に提示する英語には、「聞くこと」の面からその特性を整理すると、3つの特徴がある。①ゆっくりはっきりと話される素材である。②題材のテーマは小学生の身の回り、日常生活に関する身近で簡単な事柄である。③語彙・表現については簡単な語句や基本的な表現である。

2.「聞くこと」の言語活動

「聞くこと」の「言語活動に関する事項」は、それぞれ次のとおりである。

「外国語活動」：

（ア）　身近で簡単な事柄に関する短い話を聞いておおよその内容を分かったりする活動。

（イ）　身近な人や身の回りの物に関する簡単な語句や基本的な表現を聞いて、それらを表すイラストや写真などと結び付ける活動。

（ウ）　文字の読み方が発音されるのを聞いて、活字体で書かれた文字と結び付ける活動。

「外国語　英語」：

（ア）　自分のことや学校生活など、身近で簡単な事柄について、簡単な語句や基本的な表現を聞いて、それらを表すイラストや写真などと結びつける活動。

（イ）　日付や時刻、値段などを表す表現など、日常生活に関する身近で簡単な事柄について、具体的な情報を聞き取る活動。

（ウ）　友達や家族、学校生活など、身近で簡単な事柄について、簡単な語句や基本的な表現で話される短い会話や説明を、イラストや写真などを参考にしながら聞いて、必要な情報を得る活動。

このように、「聞くこと」の言語活動では、それぞれ3つの「できる」の実現を目指して、短い話や会話を運用場面とし、画像等との対応等を利用して、文字と音声との対応に関する認識の獲得を促す活動を行うことになっている。

3. 指導者に求められる「英語を聞く力」

1および2節で見た目標の達成と言語活動の実践のためには、それらを踏まえた効果的な授業実践を可能にするような英語運用力が、指導者に求められることになる。そのためには、少なくとも次の3点を押さえておく必要があるだろう。

①クラスルーム・イングリッシュを土台とした意味のあるやり取りを進めることのできる英語運用力。

②ALT等と授業について打ち合わせをするための英語運用力。

③英語音の特性とその扱い方を知っていること。

①のクラスルーム・イングリッシュについては、手ごろな表現集を使って使える表現を増やしていきながら充実を図るとよい。表現集としての第一候補は「研修ガイドブック」である。小学校で使用するクラスルーム・イングリッシュにふさわしい約200個の表現をまとめた表現集が集録されている。さらに「研

修ガイドブック」には、授業内でのALTとの会話例、ALTとの打ち合わせで用いられる会話例、授業・学校に関わる表現集も掲載されているので、②についても好適な学習材料となる。手始めにこれらに取り組み、以降少しずつ表現を増やしていくとよい。なお、「聞く力」の向上には付属の音声資料を使った「リスニングの音声練習」が欠かせない。

4. 音の認識作り

③を進めるには、リスニングのプロセスを知覚と理解の2つの側面に分けて捉え、知覚面のトレーニングを行う必要がある。前節3で述べた音声資料を使った「リスニングの音声練習」が、この知覚面のトレーニングになる。なお、同じインプット作業であるリーディングと同様にリスニングにおいても語彙力増強によってその補強を図れると考えがちだが、語彙力増強はリスニング・プロセスの理解面を高める方策とはなるが知覚面の即効的方策とはならない。

知覚面には、「スピード」と「聞こえ」の2つの要素がある。特に基礎段階の英語使用者の場合、「聞こえ」をトレーニングすると聞き取り力を納得しながら高めることができる。「聞こえ」のトレーニングとは、英語の音とリズムの作り方の理屈を知り体感するという、英語の音の認識づくりを音声資料を使いながらトレーニングすることである。指導者には、このような「聞こえ」と「スピード」の2つの要素を並行的にトレーニングすることが求められる。

5. 「聞く力」を向上させるトレーニング

「口に出せる英語は聞き取れる」といわれる。逆に言うと、「口に出せない英語は聞き取れない」ことになる。これは、英語の音の認識力、知覚力を高めるための「聞こえ」のトレーニングの必要性を示している。このトレーニングには、①英語音の学習と②音読学習の2つの学習があり、いずれも発音練習を伴う学習となる。

①英語音の学習(「英語を聞き取れる耳」のトレーニング)

大学の教員養成課程の英語講座で必修科目として設定される「英語音声学」は、英語音の特性を丁寧に説明しながら、「英語を聞き取れる耳」のトレーニングを行う科目である。これが「聞こえ」のトレーニングである。まず、音声の最小単位である音素レベルの知覚、認識を高める学習を行う。母音が5個の日本語に比べて英語の母音は（見解によって数え方に違いが出るため幅を持たせた定義となるが、）約20個もあるため、カタカナ書きで対応しきれないことが多い。子音も数が多く、日本語にはない子音や子音連結もあり、日本人にとっては聞き分けが難しくなることが多い。自学用教材による独学も可能だが、免許講習等の研修講座に「英語音声学」が入っていれば、ぜひ受講すべきである。動画配信サイトYouTubeの文部科学省公式チャンネルmextchannelの発音トレーニングの動画教材や「研修ガイドブック」実習編の音声教材を利用するのもよい。その際、意味を聞き取るためのトレーニングではなく、英語音を聞き取るためのトレーニングを行うことが大切である。唇や舌などの発声器官の働きを確認しながら継続的に英語音を聞き取る練習を行うとよい。このトレーニングに加えて、音の連続、リズム、イントネーションを学習する必要がある。このような学習を通して、「英語を聞き取れる耳」を作り上げていくことになる。

②音読学習

元来は同時通訳者のトレーニング法であったものが英語学習に取り入れられるようになった訓練方法に、「パラレルリーディング」、「オーバーラッピング」、「シャドーイング」等がある。これらは、音声知覚・認識の自動化を図るのに効果的な学習方法である。素材選びも重要である。音読トレーニングを中心とした教材を使って、自身の英語レベルよりもやさしい素材（例えば、『英会話・ぜったい・音読』（國広、千田ほか著、講談社）等）を使って丁寧に、徹底的に英語音を聞き取る学習を行うと、音声知覚・認識の自動化を効果的に進めることができる。さらには、自分のレベルに合った理解可能な英語を、できるだけたくさん、日常的かつ継続的に進めながら、語彙力、文法能力なども加えた総合的な向上を図る学習を行うことが大切になる。

＜課題＞

「研修ガイドブック」「実習編 [3] Small Talk」から任意のUNITを選び、付属CDまたはYouTubeの文部科学省チャンネルmextchannlelの音声を聞きながら、英語の音の聞こえ方の特徴を取り出してみましょう。

Unit 20　話すこと（[やり取り]・[発表]）

[目標] 授業実践に必要な「英語を話す力」を身に付けている。

1.「話すこと」の目標

授業実践に必要な「英語を話す力」を考えるためには、「話すこと」の教育目標と言語活動の要点をCSで確認する必要がある。小学校CS「外国語活動」と「外国語　英語」における「話すこと」（[やり取り]・[発表]）の「目標」は、それぞれ次のとおりである。

(1) 話すこと（[やり取り]）

「外国語活動」:

ア　基本的な表現を用いて挨拶、感謝、簡単な指示をしたり、それらに応じたりするようにする。

イ　自分のことや身の回りの物について、動作を交えながら、自分の考えや気持ちなどを、簡単な語句や基本的な表現を用いて伝え合うようにする。

ウ　サポートを受けて、自分や相手のこと及び身の回りの物に関する事柄について、簡単な語句や基本的な表現を用いて質問をしたり質問に答えたりするようにする。

「外国語　英語」:

ア　基本的な表現を用いて指示、依頼をしたり、それらに応じたりすることができるようにする。

イ　日常生活に関する身近で簡単な事柄について、自分の考えや気持ちなどを、簡単な語句や基本的な表現を用いて伝え合うことができるようにする。

ウ　自分や相手のこと及び身の回りの物に関する事柄について、簡単な語句や基本的な表現を用いてその場で質問をしたり質問に答えたりして、伝え合うことができるようにする。

(2) 話すこと（[発表]）

「外国語活動」:

ア　身の回りの物について、人前で実物などを見せながら、簡単な語句や基本的な表現を用いて話すようにする。

イ　自分のことについて、人前で実物などを見せながら、簡単な語句や基本的な表現を用いて話すようにする。

ウ　日常生活に関する身近で簡単な事柄について、人前で実物などを見せながら、自分の考えや気持ちなどを、簡単な語句や基本的な表現を用いて話すようにする。

「外国語　英語」:

ア　日常生活に関する身近で簡単な事柄について、簡単な語句や基本的な表現を用いて話すことができるようにする。

イ　自分のことについて、伝えようとする内容を整理した上で、簡単な語句や基本的な表現を用いて話すことができるようにする。

ウ　身近で簡単な事柄について、伝えようとする内容を整理した上で、自分の考えや気持ちなどを、簡単な語句や基本的な表現を用いて話すことができるようにする。

児童が英語を使用する場面を設定する条件として、[やり取り]では相手と伝え合うことが、[発表]では人前で話すことが求められている。話しっぱなし、友だちとの役割練習等で終わらせるのではなく、設定場面の中で子どもたち同士が気持ちや意志を伝えあう対話、自分の意見を述べる発表を行う活動を進めていく必要がある。そうなると、指導者にはそのような場面での使用経験があることが求められることにもなるだろう。

授業内で児童が[やり取り]と[発表]で使用する英語は、「話すこと」の面からその特性を整理すると、2つの特徴がある。①題材のテーマは小学生の身の回り、日常生活に関する身近で簡単な事柄である。②語彙・表現については簡単な語句や基本的な表現である。いわゆる一般英語に比べると使用場面、使用材料はかなり限定されている。

2.「話すこと」の言語活動

「話すこと([やり取り]・[発表])」の「言語活動に関する事項」は、それぞれ次のとおりである。

(1) 話すこと([やり取り])

「外国語活動」:

(ア)　知り合いと簡単な挨拶を交わしたり、感謝や簡単な指示、依頼をして、それらに応じたりする活動。

(イ)　自分のことや身の回りの物について、動作を交えながら、好みや要求などの自分の気持ちや考えなどを伝え合う活動。

(ウ)　自分や相手の好み及び欲しい物などについて、簡単な質問をしたり質問に答えたりする活動。

「外国語　英語」：

（ア）初対面の人や知り合いと挨拶を交わしたり、相手に指示や依頼をして、それらに応じたり断ったりする活動。

（イ）日常生活に関する身近で簡単な事柄について、自分の考えや気持ちなどを伝えたり、簡単な質問をしたり質問に答えたりして伝え合う活動。

（ウ）自分に関する簡単な質問に対してその場で答えたり、相手に関する簡単な質問をその場でしたりして、短い会話をする活動。

(2) 話すこと（[発表]）

「外国語活動」：

（ア）身の回りの物の数や形状などについて、人前で実物やイラスト、写真などを見せながら話す活動。

（イ）自分の好き嫌いや、欲しい物などについて、人前で実物やイラスト、写真などを見せながら話す活動。

（ウ）時刻や曜日、場所など、日常生活に関する身近で簡単な事柄について、人前で実物やイラスト、写真などを見せながら、自分の考えや気持ちなどを話す活動。

「外国語　英語」：

（ア）時刻や日時、場所など、日常生活に関する身近で簡単な事柄を話す活動。

（イ）簡単な語句や基本的な表現を用いて、自分の趣味や得意なことなどを含めた自己紹介をする活動。

（ウ）簡単な語句や基本的な表現を用いて、学校生活や地域に関することなど、身近で簡単な事柄について、自分の考えや気持ちなどを話す活動。

このように、「話すこと」（[やり取り]・[発表]）の言語活動では、それぞれ3つの「できる」の実現を目指し、その運用活動の場を[やり取り]と[発表]とし、児童の具体的活動例として実物や写真等を使いながら話すことや、身近な事柄について自分の考えや気持ちを提示できるような活動を行うことになっている。

3. 指導者に求められる「英語を話す力」

「小学校教員研修　外国語（英語）コア・カリキュラム」では、指導者に必要な英語力を身につけるための研修項目として次の８点が挙げられている（東京学芸大学（2017）、p.81）。

①授業で扱う主たる英語表現の正しい運用

②発音や強勢・リズム・イントネーションを意識した発話

③板書や掲示物における英語の正しい表記

④ALT等と授業について打ち合わせをするための表現

⑤クラスルーム・イングリッシュを土台にした意味のあるやり取り

⑥児童の発話や行動に対する適切な言い直し

⑦児童の理解に合わせた適切な言い換え

⑧児童の発話や行動に対する即興的な反応

これが小学校の学級担任に求められる英語力かと目を疑いたくなりそうだが、小学生の児童に発話を促す授業運営に必要な要素だとすれば、拒めないものばかりである。また、①から⑧の各項目はそのまま、中学校・高等学校教員研修項目にもなりそうなものばかりである。中学校・高等学校教員研修項目では、これらの事項を前提としたうえで、すなわち相応の英語力を持ち合わせていることを前提としたうえで、英語教育のプロとしての英語力の強化に継続的に取り組み、英語を教えるために必要な英語力を育成するための確認項目2点が示されるのみである。

上述の8点の研修項目に戻ると、③を除いてすべて、話す力（と聞く力）に関わる項目である。児童の理解に即して適切な英語表現を提示することが望ましいインプット提供方法であるとされているので、指導者のスピーキング能力の向上が期待されることになる。

4. クラスルーム・イングリッシュとSmall Talk

他の教科と異なり、英語の授業は英語による挨拶で始まる。これは、形式的、儀礼的意味合いで行われているのではなく、英語によるあいさつで授業を開始することによって、英語の授業の雰囲気づくりを図ろうとする指導者の意志表示として行っているのである。しかし、挨拶をした途端に状況がいつもの日本語環境に戻るようでは、英語授業の雰囲気づくりにはならない。英語による挨拶にクラスルーム・イングリッシュやSmall Talkが続けば、英語の授業の雰囲気づくりがよりよく進む。

外国語活動ではクラスルーム・イングリッシュを、外国語科ではこれに加えてSmall Talkを授業内の活動としてしっかり定着させることができれば、小学校英語の指導者に求められるスピーキング能力は十分であると言ってもよいだろう。これらが上手く進めば、子どもたちへの学習の動機づけとなり、互いに頑張って英語を使おうという意欲が児童の間に自然に育まれることが期待できる。これらの活動は同時に、児童にとってはインプット・アウトプットの絶好の機会となる。指導者が英語で話しかけることによって、教師と児童、児童同士の間で英語のやり取り活動が促進されるだろう。ただし、それらは、その質と量の両面で児童の発達段階や習熟度に応じたものでなければならない。

クラスルーム・イングリッシュには、いくつかの特徴がある。簡単な語彙や構文を用いること。スピードを調整しながら明瞭な発音で丁寧に伝えること。繰り返しや強調を入れること。表情豊かに伝えることなどである。内容的には、小学校では、基本的なあいさつ、諸活動の始まりと終わりの提示、児童への指示、ほめたり励ましたりする表現などを英語を用いて提示すること等である。

Small Talkは、高学年の「外国語　英語」で設定される活動である。指導者のまとまった話を聞いたり、子どもたちがペアで伝え合うことを行う。これらの活動は、既修事項や基本的表現の定着を図ることを目的として行われる活動である。注意しなければならないのは、これは対話練習のように誰かの役を演じる疑似的な対話ではなく、指導者や児童が自分のことを話題にしてやり取りをするという点である。

5.「英語を話す力」を向上させるトレーニング

「英語を聞く力」と同様に、上述の「話すこと」([やり取り]・[発表])の領域における目標の達成と言語活動の遂行のためには、それらを踏まえた効果的な授業実践を可能にするような英語運用力を備えることが指導者に求められる。ただし、小学生の児童を相手にすることから、指導者の「英語を話す力」には、児童に理解可能で自然なインプットの提供を行うことを可能にするような性質が求められる。そのような能力を高めるためのトレーニングとは、Unit 19で見た「英語を聞き取れる耳」のトレーニングである。「話すこと」においても、「指導者に求められる「英語を聞く力」」で述べた次の点を押さえておく必要がある。

①クラスルーム・イングリッシュを土台とした意味のあるやり取りを進めることのできる英語運用力。

②ALT等と授業について打ち合わせをするための英語運用力。

③英語音の特性の理解と英語基本表現を持ち合わせたうえで、児童の言いたいことへ導けること。

クラスルーム・イングリッシュの意義及び重要性については、すでに小学校でも広く認められている。英語の学習環境づくりに欠かせない要素であり、伝え合う英語を使用する上で最も基本的な表現として位置づけられている。これらの表現においては、指導者による英語の発音の質も重要になる。音声教材を使った「パラレルリーディング」、「オーバーラッピング」、「シャドーイング」等のトレーニングによって語、句、文の発音、リズム、イントネーションを十分にトレーニングしておく必要がある。もっとも手近な教材は、「研修ガイドブック」である。「実習編」の該当箇所（pp.114-23）に200個程度の英文が整理されている。少なくともこれらの表現は、子どもたちを前にしてスムーズに使用できるように、付属の音声教材を使って、しっかりトレーニングしておきたい。トレーニングに際しては、「話す力」を向上させようという目的意識を持って取り組むこと、実際に声に出しながら音声練習を行うことが欠かせない。

＜課題＞

Unit 19の**〈課題〉**で扱った「研修ガイドブック」「実習編　3 Small Talk」のUNITについて、付属CDまたはmextchannlelの音声を使って、「パラレルリーディング」、「オーバーラッピング」、「シャドーイング」をやってみましょう。

Unit 21　読むこと

［目標］授業実践に必要な「英語を読む力」を身に付けている。

1.「読むこと」の目標

授業実践に必要な「英語を読む力」を考えるためには、「読むこと」の教育目標と言語活動の要点をCSによって確認する必要がある。小学校CS「外国語　英語」における「読むこと」の「目標」は、次のとおりである。（「外国語活動」にはこの領域はない。）

「外国語　英語」：

ア　活字体で書かれた文字を識別し、その読み方を発音することができるようにする。

イ　音声で十分に慣れ親しんだ簡単な語句や基本的な表現の意味が分かるようにする。

2.「読むこと」の言語活動

「読むこと」の「言語活動に関する事項」は、次のとおりである。

「外国語　英語」：

（ア）活字体で書かれた文字を見て、どの文字であるかやその文字が大文字であるか小文字であるかを識別する活動。

（イ）活字体で書かれた文字を見て、その読み方を適切に発音する活動。

（ウ）日常生活に関する身近で簡単な事柄を内容とする掲示やパンフレットなどから、自分が必要とする情報を得る活動。

（エ）音声で十分に慣れ親しんだ簡単な語句や基本的な表現を、絵本などの中から識別する活動。

二つの目標のそれぞれに二つの言語活動が提示されている。一つ目の目標は、大文字・小文字の区別、文字の識別、及び適切な読み方の定着、二つ目の目標は、掲示やパンフレットなどから必要な情報を獲得できること、及び基本的な語句・表現の文字表現を見てその意味が分かることである。英語リーディング活動でよく行われる内容理解の問答といったタスク、ストラテジー等は使わない。音声活動で慣れ親しんだ英語を文字として視覚的に認識できることが求められている。

3. 指導者に求められる「英語を読む力」

「読むこと」の指導は、「外国語活動」で英語の音声に慣れ親しんでいることを前提に行われる。絵本の読み聞かせの発展活動として、児童自身に絵本を読ませる活動を想定することもできるが、そのような場合も、音声で慣れ親しんだ内容のものを文字で追いかける活動でなければならない。従って、指導者に求められる「英語を読む力」は、児童のインプット源としてふさわしい「英語を話せる力」と捉えることができる。すなわち、第一に必要な「読む力」は、適切な音読力である。「小学校教員研修　外国語（英語）コア・カリキュラム」で求められている「読むこと」の到達目標解説には次のような指摘がある（東京学芸大学（2017）、p.107）。

> 授業で児童文学を読み聞かせたり、子ども向けの英語の歌や詩を扱ったりする際に、意味内容を理解し、文字と音を正確に結び付け、英語のリズムを崩さずに読めるようになることが大切である。そのためには、繰り返しのある平易な文学・歌や詩から始め、人前で声に出して読む経験をすることが肝要である。また、ただ読むだけではなく、読むことと話すこと（やり取り）が相乗的に効果を生むような実践的工夫（例：絵本を読み聞かせた後で、内容について児童に質問するなど）も意識して取り扱う必要がある。

「音読力」が必要であることから、「聞くこと」と「話すこと」の双方で指摘した英語音の学習、音読学習や、自然なインプット源となることのできる「話す運用力」を高めるための「オーバーラッピング」、「シャドーイング」等のトレーニングを通して、英語の語句、文の発音、リズム、イントネーションを十分にトレーニングすることが、そのまま「読むこと」の指導力につながることになる。また、「書くこと」の文字認識学習とも関わってくるが、ローマ字読みからの脱却を図ることも忘れてはならない点である。

＜課題＞

小学校高学年の外国語の授業で使えそうな英語の歌を1曲ずつ持ち寄り、実際の授業でどう指導できるかについて意見交換をしましょう。

Unit 22　書くこと

［目標］授業実践に必要な「英語を書く力」を身に付けている。

1.「書くこと」の目標

授業実践に必要な「英語を書く力」を考えるためには、「書くこと」の教育目標と言語活動の要点をCSによって確認する必要がある。小学校CS「外国語　英語」における「書くこと」の「目標」は、次のとおりである。(「外国語活動」にはこの領域はない。)

「外国語　英語」：

ア　大文字、小文字を活字体で書くことができるようにする。また、語順を意識しながら音声で十分に慣れ親しんだ簡単な語句や基本的な表現を書き写すことができるようにする。

イ　自分のことや身近で簡単な事柄について、例文を参考に、音声で十分に慣れ親しんだ簡単な語句や基本的な表現を用いて書くことができるようにする。

2.「書くこと」の言語活動

「書くこと」の「言語活動に関する事項」は、次のとおりである。

「外国語　英語」：

(ア)　文字の読み方が発音されるのを聞いて、活字体の大文字、小文字を書く活動。

(イ)　相手に伝えるなどの目的を持って、身近で簡単な事柄について、音声で十分に慣れ親しんだ簡単な語句を書き写す活動。

(ウ)　相手に伝えるなどの目的を持って、語と語の区切りに注意して、身近で簡単な事柄について、音声で十分に慣れ親しんだ基本的な表現を書き写す活動。

(エ)　相手に伝えるなどの目的を持って、名前や年齢、趣味、好き嫌いなど、自分に関する簡単な事柄について、音声で十分に慣れ親しんだ簡単な語句や基本的な表現を用いた例の中から言葉を選んで書く活動。

3. 指導者に求められる「英語を書く力」

ライティング・トレーニングを日々積み重ね、ときどきALTや英語専科の先生方に添削してもらうといった活動は、王道的なライティング学習法である。英語日記をつける、SNSに英語で投稿するといった方法もある。文章として英語を書く力を高めるためのこのようなトレーニングは、指導者の一般的英語運用力の基盤を固めるためには大変効果的なトレーニング方法である。ただし、上述の目標と言語活動の遂行には、このようなトレーニングに合わせて、授業実践で必要となる文字指導、語順指導、音声と文字の対応関係指導への対応力としての「書くこと」の学習が欠かせない。

4.「英語を書く力」の学習

文字指導については、「英語の手書き文字の指導」方法について説いた手島((2019)、p.16)の「文字指導のCan-Doリスト」が参考になる。リストには次の8点が挙げられている。

0-1. 文字の形がわかる
0-2. 文字の名前がわかる
1-1. 文字が読める
1-2. 文字が書ける
2-1. 語が読める
2-2. 語が書ける
3.　文(sentence)が書ける
4.　文章(passage)が書ける

このリストは、「外国語　英語」の「読むこと」と「書くこと」の双方の目標と言語活動に通じるリストになっている。大文字・小文字の区別も取り上げられている。語順指導については、英文法の基本的事項の振り返りを行い、英語語順に関する指導者自身の認識を総点検していただきたい。音声と文字の対応関係については、フォニックスを使った指導方法を考えてみるのもよいだろう。鈴木・門田(2012)のフォニックスに関する解説が参考になる。これら3点が、英語を「書くこと」の目標達成のために指導者が心得ておくべき点である。

＜課題＞

小学校外国語科の「書くこと」の指導で注意すべき点を整理しましょう。

＜COLUMN 6＞

「ちゃんと聞く」聞き手とは

「ちゃんと聞いてください。」

誰しも一度は耳にしたことのあるフレーズです。しかし、どういった聞き方が「ちゃんと聞く」聞き方なのでしょうか。「ちゃんと聞く」聞き方のイメージは、みな同じなのでしょうか。おそらく１人１人、イメージの重なる部分はあれども、異なった聞き方を思い浮かべるでしょう。

私は教職大学院で、「日本語と英語における『コミュニケーションの在り方の傾向』の違いに焦点を当てた指導法（対象は中学生）」について、実践的な研究を行いました。本稿では、「英語を介したコミュニケーションにおいて、『ちゃんと聞く』とはどういう聞き方で、そのような聞き方の育成に授業ではどのようなことに留意したいか」ということを、研究を通じて知ったこと、学んだことをもとに、記していきたいと思います。

英語を介したコミュニケーションにおける「ちゃんと聞く」とは、端的に言ってしまえば、「相手が伝えたい内容を、正確に（相手が伝えたいと思っている内容通りに）理解しようとする聞き方」だと考えます。これは文部科学省（2017）が「小学校学習指導要領　外国語活動・外国語編解説」で示す、「注意深く聞いて何とか相手の思いを理解しよう」とする聞き方とも関連があると考えられます。具体的には、相手の話に出てきた未知の語や不慣れな表現、抽象的な表現などをそのままにしないように、相手の意図と自分の解釈にずれがないように留意しながら聞くことです。特に後者については、自分が「理解した」と感じたにしても、それがすなわち「相手が言いたいこと」とイコールとは限らないということに注意が必要です。

そこで、授業でのやりとりの際、聞き手となるときには、相手の言った言葉（や単語）を繰り返すことで相手に確認する、簡単な表現に言い換えてもらったり具体例を加えてもらったりするように依頼する、ゆっくり言ってもらうよう依頼するなどの表現を積極的に使用させたいと考えます。こうした聞き方の訓練の積み重ねが、「注意深く聞いて何とか相手の思いを理解しよう」とする態度の育成につながるのではないかと考えています。

【引用文献】　文部科学省（2017）．小学校学習指導要領 外国語活動・外国語編　開隆堂

（福本香緒里）

第 6 章

英語に関する背景的な知識

Unit 23　英語に関する基本的な知識

［目標］授業実践に必要な「英語に関する基本的な知識」について理解している。

1．英語の音声

英語に関する基本的な知識について小学校CS「第２章　第10節　外国語　第１　目標」では、「日本語と外国語との違いに気付き、これらの知識を理解」し、その知識をコミュニケーションに活用できる基礎的技能を身につけさせることを目標にしている。同じく「第２　各言語の目標及び内容等　２　内容」で、音声については、(1) 現代の標準的な発音、(2) 語と語の連結による音の変化、(3) 基本的な強勢、(4) 基本的なイントネーション、(5) 基本的な区切りの理解と活用を指示している。英語の音声に関するこれら５点について、順に考えてみよう。

(1) 現代英語の標準的な発音

(ア) 標準的な発音

現代英語の標準的な発音の手本をアメリカ式、イギリス式のどちらにすべきかといった議論は、今日では二の次となった感がある。むしろ近年では、「ネイティブ英語」か「国際語としての英語」かによる比較が先になる。第二次世界大戦後の日本では、学校を含む多くの教育現場でGeneral American (一般米語。大西洋岸中部から太平洋岸にかけての広い地域で話されているとされる英語) やNetwork English (放送網英語) (テレビやラジオのアナウンサーが使用する英語) が手本とされてきた (竹林ほか (2015)、p.4)。本Unitでは、これらを現代英語の標準的な発音として位置づけることにする。指導者の使用する英語の発音については、最初から完璧な英語の発音である必要はないものの、児童のロールモデルとなることから、その発音が口語的すぎたり特定のグループに独特な発音では困る。児童に安心感ややる気を与えるために、それと同時に指導者自身が自信をもって授業に臨めるようにするためにも、指導者には、自分の英語の発音をできるだけ標準的な発音に近づけようという気持ちで授業実践に臨むことが求められる。

(イ) 母音と子音

英語を習い始めて最初に気付くことの一つは、英語には日本語にはない音(おん)があるということである。母音と子音があるのは、英語に限らず日本語でも同様である。しかし、日本語では母音が5種類あるのに対して、英語では単母音だけでも10数個、二重母音を加えると20個程度と、母音の数がはるかに多い。子音では、英語には[θ / ð]、[ʃ / ʒ]、[ʧ / ʤ]など日本語にない子音がある。英語のnと日本語の「ン」のように、同じように見えて調音方法が異なる別音であるものもある。英語の母音と子音を具体的に見てみよう。

(i) 母音

母音とは、口腔内で舌がどこにも触れずに、呼気の流れが妨げられることなく調音、発出される音である。母音には単母音と二重母音がある。

単母音は、舌の頂点が口腔内の前後のどこにあるかによって、前舌母音、中舌母音、後舌母音に、口腔内の高さによって高母音、中母音、低母音に分類される。具体的には表1に示すとおりである。

表1　英語の単母音

	前舌母音	中舌母音	後舌母音
高母音	[i], [i:]		[u], [u:]
中母音	[e]	[ə], ([ə:],) [ʌ]	[ɔ]*, [ɔ:]
低母音	[æ]		[ɑ], [ɑ:]

*：アメリカ英語では[ɑ]

・高母音　[i]　big, sick　　[u]　look, should
　　　　　[i:]　clean, keep　　[u:]　moon, school
・中母音　[e]　bread, head　　[ə]　about, today
　　　　　[ɔ:]　bought, caught　　[ʌ]　husband, lucky
・低母音　[æ]　apple, sad　　[ɑ]　([ɔ]*) box, stop
　　　　　[ɑ:]　father, palm

単母音にrが後続する場合、このrはアメリカ発音では発音されるが、イギリス発音では、語尾ならびに子音の前では発音されない。このようなrは発音しなくてもよいrということになり、発音記号ではイタリック体で表記される。

（例） [ɑː*r*] are, art　[ɔː*r*] door, four　[əː*r*] bird, learn
[ə*r*] color, wonderful

二重母音とは、ある母音の構えで始まり、途中で別の母音の構えに移行して発音する音である。この移行は、途中に切れ目がなく一息で行われるもので、前半と後半の要素を合せた全体で一つの音となる。従って、一つ一つの音を別々に発音するのではなく、前半要素に後半要素を付け足すようなイメージで、流れるように、かつ流れを崩さないように発音する必要がある。

二重母音は、前半の要素から後半の要素への移行が「下から上へ」移行する「上昇（or上向き）二重母音」と、中央に移行する「集中（or中向き）二重母音」に分類される。

・上昇二重母音	[ei]	cake, late, make
	[ai]	bite, night, time
	[ɔi]	boy, noise, point
	[au]	loud, now, out
	[ou]	cold, most, slow
・集中二重母音	[iə*r*]	dear, ear, here
	[ɛə*r*]	air, chair, pair
	[uə*r*]	during, sure, tour

（ii）子音

子音とは、呼気の流れが口腔内で何らかの形で妨げられて調音、発出される音である。英語の子音は二つの観点から分類される。呼気の流れがどこで妨げられたり、狭められたりするかという「調音位置」と、呼気がどのように妨げられたり、狭められたりするかという「調音様式」によって、表2に示すように分類される。

また、子音は、無声音と有声音に分類できる。表2で1つの枠に2音配置しているもののうち左側が無声音、右側が有声音である。発音するときに喉に手を当ててみて喉が振動しない音が無声音、振動する音が有声音である。

表2　英語の子音

調音様式＼調音位置	両唇音	唇歯音	歯音	歯茎音	硬口蓋歯茎音	硬口蓋音	軟口蓋音	声門音
閉鎖音	p　b			t　d			k　g	
摩擦音		f　v	θ　ð	s　z	ʃ　ʒ			h
破擦音				(ts dz)*	ʧ　ʤ			
鼻　音	m			n			ŋ	
側　音				l				
半母音	w				r	j		

＊この音を音素とみる見方と、これらの上2枠の子音連結と捉える見方がある。

(2) 語と語の連結による音の変化

個々の母音と子音を習得したとしても、それで英語の発音が完璧だとはならない。ネイティブスピーカーが話す英語を聞いていると、数語をまとめて発音するために、聞いている私たちには単語間の切れ目がわからなくなることがある。話しことばでは、個々の音は個別に発音されるのではなく、語句や文という形をとった連続音として使用される。さらに、単語内、単語間で連なって発音される音は、個別に発音される場合とは異なる音に変化することがある。単語間の音連続で見られる音変化のうち代表的なものを幾つか見てみよう。

(ア) 連結 (linking)

前の語の語末の音と次の語の語頭の音がつながって発音される現象を、「連結」という。an egg, far away, look up, not at all, pick it up, stand up, within an hourなどでは、単語間を切らずに繋いで発音する必要がある。その結果、例えばpick it upは、「ピキラッ」という聞こえとなる。

(イ) 同化 (assimilation)

隣接する2つの音のうち、一方が他方の音に似る現象を「同化」という。語と語の連結で見られる同化は、連結前後の2音が互いに影響しあって、両者に性質の似た別の音に変化する「融合同化（または相互同化）」となることが多い。また、後続音が /j/ であることが多い。and you, did you, don’t you, (Nice to) meet you, this yearなどで同化現象を見ることができる。

(ウ) 脱落 (elision)

隣接する2つの音のうち一方が消失する現象を「脱落」という。単語間では、連結する部分が同一子音であるとき(ta(ke) care, par(t) time, so(me) more, [I] li(ke) catsなど(いずれも( )部分が脱落する。以下同様。))、および調音点が同じ(ho(t) dog, si(t) downなど)か調音方法が似ている(don('t) know, mus(t) goなど)場合に脱落が生じる。

書きことばの英語では単語間のスペースによって語の切れ目が明確になるが、話しことばの英語では英語特有の音連結が単語間に生じることもあって、語の切れ目が分り難くなる。音連結の原則を心得たうえで英語を聞いたり、話したりすれば、ネイティブスピーカーの英語が聞き取りやすくなるだろうし、地震の発音を英語らしい発音に近づけることができるだろう。

(エ) 音節内の子音結合

日本人が特に苦手とする音結合の一つに「音節内の子音結合」がある。英語の音節は母音を中心にして、その母音の前後に、前では3つまで、後には4つまでの子音の結合が生じ得る。母音をV、子音をCで表し、母音に近い方から母音前の子音をC^1、C^2、C^3、母音後の子音をC_1、C_2、C_3、C_4で表すとすると、例えばdriveとstrengthsは、

・drive: $C^2C^1VC_1$ (/dráiv/)

・strengths: $C^3C^2C^1VC_1C_2C_3C_4$ (/stréŋkθs/)

のように表すことができる。母音の前後に子音結合が生じていることが分かる。

日本語の音節構造はCV構造が基本であり、子音+/j/という並び方(「東京」(/to:kjo:/)など)のような例を除いて子音結合はほとんどない。そこで、日本語話者が英語を発音する際には、この子音結合で困難が生じることになる。例えば、pride (/práid/)では「プライド」(/puraido/)のような日本語式のカタカナ発音になってしまうことがある。子音結合の間に母音を入れないように気を付ける必要がある。

子音連結で注意を要するもう一つの点として、閉鎖音が2つ重なるときに1つ目の閉鎖音がほとんど聞こえなくなる現象がある。例えば、

・act /ǽkt/　　　　　　・chapter /tʃǽptɚ/

では１つ目の閉鎖音の破裂が生じないままに２つ目の閉鎖音に連続するため、あたかも１つ目の閉鎖音が発音されていないように聞こえる。ここでも子音結合の間に母音を入れないように気を付ける必要がある。

(3) 基本的な強勢（アクセント）

日本語でも英語でも単語は音節に分けられる。日本語の「ドライブ」は４音節から成るが、英語のdriveは１音節から成り、Sundayなら２音節から成る。複数の音節から成る語では、その中の１つが他の音節よりも強く聞こえる。このとき、その音節に「アクセントがある」という。そして、このアクセントの性質が英語と日本語とでは異なる。英語では、強い部分と弱い部分の差が大きいアクセントで、これを「強弱アクセント」という。一方、日本語のアクセントは音節の声の調子が高いか低いかで決まり、これを「高低アクセント」という。

・drive / dráiv/　　　　　　・Sunday / s´ʌndèi/

　　ラ┐　　　　　　　　　サ┐
・ド　イ　ブ　　　　　　・　ン　デ　イ

（　┐　はアクセント核の位置を示す。）

（ア）語アクセント（強勢）

単語内のアクセント（強勢）を「語アクセント（強勢）」といい、最も強く発音されるアクセントを「第一アクセント」（母音記号の上につける記号：´）といい、通常はこれを単に「アクセント」という。次に強く発音されるものを「第二アクセント」（母音記号の上につける記号：`）といい、これより弱いアクセントには記号を付けない。

（イ）句アクセント（強勢）

複数語からなる句におけるアクセントを「句アクセント」という。例えば、whìte hóuse（「白い家」）とWhíte Hóuse（「ホワイトハウス」（大統領官邸））とでは、それぞれの句を構成する単語は同一だが、句アクセントが異なり、そのことによって意味の違いも生じる。

（ウ）文アクセント（強勢）、強形と弱形

英語の文中では、文中にある全ての単語が強いアクセントを受けるのではな

く、強いアクセントを受ける語とアクセントを受けない語がある。文アクセントを受けるのは、名詞、動詞、形容詞、副詞等、固有の独立した意味を持つ「内容語」(content word) と呼ばれる語類の単語であり、その語の第一アクセントのある音節にアクセントが置かれる。一方、冠詞、助動詞、前置詞、接続詞等、一義的には文法的機能を表し、独立した固有の意味を持たず、内容語の意味を補う機能の語を「機能語」(function word) という。機能語の語類の単語は、一般に文アクセントを受けない。

一般に、文中で文アクセントを受けない機能語は、アクセントを受けないのと同時に弱く発音されることによって、その単語の母音の質が変化する。例えば、have は、単独で強く発音すれば/hǽv/だが、文中で弱く発音されるときの発音は/ (h) əv, v /となる。and なら、アクセントを受ければ/ǽnd /だが、弱く発音される場合は/ (ə) n /となる。前者を「強形」(strong form)、後者を「弱形」(weak form) という。冠詞、代名詞、助動詞、前置詞、接続詞などの1音節語には、その発音にこのような強形と弱形があるので注意を要する。

(4) 基本的なイントネーション

発話において、息の切れ目や文末に現れる声の上がり下がりの調子、抑揚をイントネーションという。ここでは、文末のイントネーションを確認しておく。

文末については、平叙文、命令文、感嘆文、および疑問詞で始まる WH 疑問文で使用される「下降調」イントネーションと、Yes-No 疑問文や質問の意図で使用する平叙文で使用される「上昇調」イントネーションが代表的なものである。「研修ガイドブック」(p.135) で、基本的なイントネーションを確認されたい。子どもたちに慣れ親しませる表現については、できるだけ英語らしいイントネーションを伴った発話につなげられるように、指導者としても英語らしいイントネーションを身につけて提示するように努めたい。

(5) 基本的な区切り

語と語の連結、アクセント、およびイントネーションに配慮した発音を行うならばなおさら、英語の一文を一気に発音したり音読したりすることは難しくなる。実際の会話や読書においても、文内の構成や意味のまとまりを捉えて、いくつかの語句のまとまりを発音したり読んだりする。区切りは、聞き取りや読み取りで意味を理解する際にも重要な役割を果たす。話す活動においても、文を適切に区切りながら発話するように配慮しながら指導することが重要になる。

＜課題＞

1. 表１および表２について、各表に日本語の音素を配置してみましょう。
2. 「研修ガイドブック」pp.138-141の「発音トレーニング」で取り上げられている発音について、文部科学省MEXTチャンネル（YouTube）の発音動画を参考にしながら、各語の発音を確認しましょう。

2. 英語の語彙

(1) 英語の語彙の特徴

(ア) 語彙の大きさ

ひとつの言語(あるいは、特定の条件によって設定された範囲内)の単語の総体を「語彙」(vocabulary、言語理論ではlexicon)という。常に廃用と新語・借用語の発生が繰り返されるため、正確な語彙数を得ることはできないが、英語のおおよその語彙数を知ろうとするなら、最大・最良の英語辞書『オックスフォード英語辞典』(*The Oxford English Dictionary*, 通称*OED*)を見ることになる。西暦1150年以降の文献に現れるすべての語(廃用となった語や古語も含む)を収録するこの辞書には、主要見出し語29万語程度、小見出しまで含めると約60万語が収録されている。英語母語話者一人の語彙数は、教養ある一個人の語彙数が平均6～8万語程度だと言われている。ただし、この6～8万語という数は情報発信のために使用できる発信語彙数ではなく、情報獲得のために使用できる受容語彙数であり、発信語彙数はずっと少なくなる。さらに、*OED*引用用例数一位の作家、Shakespeareの全作品中に用いられた異なり語数は約2万語程度とされている。

(イ) 国際色豊かな語彙

国際語と言われる英語の語彙の最大の特徴は、国際色豊かなことである。英語では、外来語の語源は日本語を含めて350以上の言語に及び、世界の言語の中で外国語から最も多くの語彙を借用している。特に、フランス語とラテン語からの借用語が多い。

(2) 語彙の分類法

(ア) 内容語と機能語

名詞、動詞、形容詞、副詞のように、それ自身が独立した語彙的意味を持つ語を内容語(content word)、冠詞、助動詞、前置詞、接続詞のように、それ自身が表現する文法的概念を除いてほとんど意味を担わない語を機能語(function word)という。

(イ) 受容語彙と発信語彙

語彙知識のうち聞いたり読んだりして理解できる語彙知識を「受容語彙」

(receptive vocabulary、またはpassive vocabulary)、話したり書いたりするときに利用できる語彙知識を「発信語彙」(productive vocabulary、またはactive vocabulary) という。受容語彙と発信語彙の知識は独立した別個の知識体系ではなく、受容語彙から発信語彙にいたる連続体をなしていると考えられている。すなわち語彙知識は、まず受容語彙知識として身につき、それが徐々に発信語彙知識へ発達していくと考えられている。小学校CS「第２章　第10節　外国語　英語　第２　各言語の目標及び内容等　3. 指導計画の作成と内容の取扱い (2) －ア」では、語彙を含む英語の特徴やきまりに関する事項について、「・・・児童の発達の段階に応じて、聞いたり読んだりすることを通して意味を理解できるように指導すべき事項と、話したり書いたりして表現できるように指導すべき事項とがあることに留意すること。」とある。語彙については、受容語彙と発信語彙の差に留意した指導内容の提示が求められる。

(ウ) 延べ語数と異なり語数

語彙数の提示方法には「延べ語数」(トークン、token) と「異なり語数」(タイプ、type) がある。例えばテキスト１ページ内にtheが10回出るとき、この出現頻度を10と計数するのが延べ語数、1とするのが異なり語数である。さらに、例えばcatとcatsを別語として計数するのが延べ語数、同語として計数するのが異なり語数である。

*We Can!*の使用語彙数に関する興味深い調査データがある。本田ほか((2018)、p.174) では、*We Can!* のデジタル教材、*We Can!* の冊子本体、それ以前の外国語活動教材冊子本体の使用語彙数の比較表が示されている。デジタル教材については、文字起こししたデータファイルに基づく計数が行われていて、延べ語数と異なり語数が示されている。冊子版テキストについては、各冊子版の語彙リストによる異なり語数が示されている。この情報に鈴木(2019) の*Let's Try!* と*NEW HORIZON Elementary* の冊子本体における延べ語数と異なり語数のデータを加えたものが表１である。2つの研究結果は異なる計数方法によるため概要確認に留めなければならないものの、小学校外国語活動・外国語科 (英語) における受容語彙の一端を伺い知ることができる。別表より、次の３点が明らかとなる。

①デジタル教材使用語彙数と冊子体語彙リストとの間の語数比較から、冊子体

表１：延べ語数・異なり語数一覧

テキスト名称	延べ語数	異なり語数
NEW HORIZON Elementary 5	1,520	526
NEW HORIZON Elementary 6	2,224	608
NEW HORIZON Elementary 5，6	3,744	896
デジタル教材 *We Can! 1*	7,959	1,067
デジタル教材 *We Can! 2*	8,107	928
We Can! 1，2（Word Lists）	—	467
Let's Try! 1	769	189
Let's Try! 2	1,042	272
Let's Try! 1，2	1,811	377
Hi, friends! 1，2（Word Lists）	—	297
Hi, friends! Plus 1，2（Word Lists）	—	319
英語ノート１，２（Word Lists）	—	756

語彙リスト語彙の２～３倍程度の語彙が児童に音声として提示される。

②異なり語数と延べ語数の頻度差から、単一教材内だけでも同じ語が３～５倍程度児童に提示される。

③令和２年度以降の語彙数は、おおよそ、3･4年生で400語弱、5･6年生では3･4年次のものを含めて900語程度になる。

(3) 学習指導要領が示す指導すべき語彙数

小学校CS「外国語　英語」では、小学校で扱う語彙について「五つの領域別の目標を達成するために必要となる、第３学年及び第４学年において第４章外国語活動を履修する際に取り扱った語を含む600～700語程度の語」を扱うように求めている。指導要領改訂前の高学年における外国語活動で導入された400語前後に200～300語程度を加えることになる。

(4)「新出語彙・語句例」

Let's Try! と *We Can!* の公表を前に文部科学省が2018年３月に提示した「年間指導計画例」には、３～６年の各学年別に新出語彙・語句例が示されている。そのうち６年生用の新出語彙・語句例を表２に示す。学習語彙の特徴が見えてくるだろう。

表2：6年生外国語　年間指導計画例：新出語彙・語句例

Unit 1 自己紹介	from, nickname, running, speak, subject, bird
Unit 2 日本の文化	we, culture, temple, castle, firework, popular, traditional, 日本の行事（snow festival), 味覚（sweet, bitter, sour, salty, spicy), soft, hard, chips
Unit 3 人物紹介	famous, nut, old, 身の回りの物（racket), jungle
Unit 4 自分たちの街・地域	town, 施設・建物（amusement park, aquarium, swimming pool, stadium, roller coaster, Ferris wheel), nature, 動作（fishing, dancing, jogging, playing, reading, shopping, singing, walking), nest
Unit 5 夏休みの思い出	grandparent, vacation, shaved ice, 動詞の過去形（went, ate, saw, enjoyed, was), 自然（beach, mountain, lake, river), 動作（hiking, camping)
Unit 6 オリンピック・パラリンピック	Olympic Games, Paralympic Games, スポーツ・競技（wheelchair marathon, sitting volleyball, para swimming, athletics, gymnastics, footballなど), 国（Malaysia, Norway, Turkey, Vietnam), evening, window
Unit 7 小学校生活・思い出	best, memory, 行事（school trip, field trip, volunteer day, drama festival, graduation ceremony), shrine
Unit 8 将来の夢・職業	be, luck, future, 職業（artist, astronaut, baker, bus driver, comedian, dentist, farmer, figure skater, flight attendant, pianist, pilot, singer, train conductor, zoo keeper), chalk
Unit 9 中学校生活・部活動	member, team, club, practice, join, junior, us, event, uniform, test, all, whale

＜課題＞

表2の「新出語彙・表現例」をもとにして、小学校英語における語彙学習の特徴について語彙指導の目標と関連づけながら説明しなさい。

3. 文及び文構造

(1) 学習指導要領と英文法

CSでは、英文法を言語活動を進めるための言語材料の一つとして捉え、「文及び文構造（中学校外国語ではこれに「文法事項」が加わる。）」として提示している。その学習においては英文法という個別枠で捉えるのではなく言語活動の中で提示、学習すべきものと見ている。「文、文構造及び文法事項」は、小学校CSの第4章および第2章第10節、中学校CSの第2章第9節の「第2　各言語の目標及び内容等、2　内容、〔知識及び技能〕、⑴　英語の特徴や決まりに関する事項」の項目の一つとして、それぞれ次のように示されている。(引用中の下線部は筆者による。)

小学校「外国語活動」:

⑴　英語の特徴等に関する事項

実際に英語を用いた言語活動を通して、次の事項を体験的に身につけることができるよう指導する。

イ　日本と外国の言語や文化について理解すること。

(ア)　英語の音声やリズムなどに慣れ親しむとともに、日本語との違いを知り、ことばの面白さや豊かさに気付くこと。

小学校「外国語　英語」:

⑴　英語の特徴等に関する事項

実際に英語を用いた言語活動を通して、次に示す言語材料の内、1に示す五つの領域別の目標を達成するのにふさわしいものについて理解するとともに、言語材料と言語活動とを効果的に関連付け、実際のコミュニケーションにおいて活用できる技能を身につけることができるよう指導する。

エ　文及び文構造

次に示す事項について、日本語と英語の語順の違い等に気付かせるとともに、基本的な表現として、意味のある文脈でのコミュニケーションの中で繰り返し触れることを通して活用すること。

(ア)　文

a　単文

b　肯定、否定の平叙文

c　肯定、否定の命令文

d　疑問文のうち、be動詞で始まるものや助動詞（can, doなど）で始まるもの、疑問詞（who, what, when, where, why, how）で始まるもの
e　代名詞のうち、I, you, he, sheなどの基本的なものを含むもの
f　動名詞や過去形のうち、活用頻度の高い基本的なものを含むもの
（イ）　文構造
a　[主語＋動詞]
b　[主語＋動詞＋補語] のうち、主語＋be動詞＋名詞／代名詞／形容詞
c　[主語＋動詞＋目的語] のうち、主語＋動詞＋名詞／代名詞

中学校「外国語　英語」：

⑴　英語の特徴等に関する事項

実際に英語を用いた言語活動を通して、小学校学習指導要領第２章第10節外国語第２の２の⑴及び次に示す言語材料のうち、１に示す五つの領域別の目標を達成するのにふさわしいものについて理解するとともに、言語材料と言語活動とを効果的に関連付け、実際のコミュニケーションにおいて活用できる技能を身につけることができるよう指導する。

エ　文、文構造及び文法事項

小学校学習指導要領第２章第10節外国語第２の２の⑴のエ及び次に示す事項について、意味のある文脈でのコミュニケーションの中で繰り返し触れることを通して活用すること。

（ア）　文
a　重文、複文
b　疑問文の内、助動詞（may, willなど）で始まるものやorを含むもの、疑問詞（which, whose）で始まるもの
（イ）　文構造
a　[主語＋動詞＋補語] のうち、主語＋be動詞以外の動詞＋名詞／形容詞
b　[主語＋動詞＋目的語] のうち、
(a)　主語＋動詞＋動名詞／ to不定詞／ how（など）to不定詞
(b)　主語＋動詞＋thatで始まる節／ whatなどで始まる節
c　[主語＋動詞＋間接目的語＋直接目的語] のうち、
(a)　主語＋動詞＋間接目的語＋名詞／代名詞
(b)　主語＋動詞＋間接目的語＋how（など）to不定詞
(c)　主語＋動詞＋間接目的語＋thatで始まる節／ whatなどで始まる節
d　[主語＋動詞＋目的語＋補語] のうち、
(a)　主語＋動詞＋目的語＋名詞／形容詞
(b)　主語＋動詞＋目的語＋原形不定詞
e　その他
(a)　There＋be動詞＋～
(b)　It＋be動詞＋～（＋for～）＋to不定詞

(c)　主語＋tell, wantなど＋目的語＋to不定詞

(d)　主語＋be動詞＋形容詞＋thatで始まる節

(ウ)　文法事項

a　代名詞

(a)　人称や指示、疑問、数量を表すもの

(b)　関係代名詞のうち、主格のthat, which, who,目的格のthat, whichの制限的用法

b　接続詞

c　助動詞

d　前置詞

e　動詞の時制及び相など

現在形や過去形、現在進行形、過去進行形、現在完了形、現在完了進行形、助動詞などを用いた未来表現

f　形容詞や副詞を用いた比較表現

g　to不定詞

h　動名詞

i　現在分詞や過去分詞の形容詞としての用法

j　受け身

k　仮定法のうち基本的なもの

小学校・中学校双方の「外国語　英語」で示される「文及び文構造」の各項目は、英語に関する背景的な知識の一部となっているものの、紛れもなく英文法の項目である。ただし、下線部で示すように、小学校英語授業においては各項目を意味のある文脈の中で提示、練習することと、そのような言語活動を通じて親しみ、馴染み、活用できるようになるという言語使用を通した英語習得を目指した学習となることを縛りとしている。さらに、外国語活動と小学校英語においては日本語と英語の違いに気付かせることが重視されていることを忘れてはならない。指導する側には、児童が理解しやすく、活動しやすくなるようなコミュニケーションの目的・場面・状況等を設定・準備する必要がある。

(2) 児童による気付きのポイント

英語の文及び文構造に関して児童による気付きを促すべき点は、英語の文の基本的な成り立ちに関する大原則である。文の基本的な成り立ちには様々な要素があるが、英語の理解・運用の両面から考えてもとりわけ重要な特性が2つある。第1のポイントは、「英語は語順のことばである」ということである。

英語は固定語順言語と呼ばれることがある。固定語順特性は文構造に現れる。小学校英語では単文について、肯定文、否定文、疑問文、平叙文、命令文という種類の文構造を扱う。文末表現に至ってようやく肯定・疑問・否定の別が明らかになる日本語の語順とは対照的に、英語では文の前半でそれらの情報が明示される。主部と述部の主要部分が文の前半にあるのが英語である。

固定語順特性は他の文法事項にも表れる。名詞にはしばしばその直前に限定詞が付くし、その有無は名詞を使用するうえで重要な意味をもつ。alwaysのような頻度の副詞は、一般にbe動詞および助動詞の後位置、一般動詞の前位置に配置する。助動詞は、日本語では動詞の後位置だが英語では動詞に先行する。

児童に気づかせるべき第2のポイントは、文の骨格として文には必ず主語と動詞が存在する点である。この点は第1ポイントの固定語順特性の一面とも言える。小学校英語では5文型のうち第1文型、第2文型、および第3文型（[主語＋動詞＋ϕ／補語／目的語]）を扱う。いずれの文型でもその骨格に主語と動詞が存在している。また、日本語の単文（ないしは、独立文）では、主語が省略される場合があって主語の存在が必ずしも単文の成立条件とならないが、英語では命令文を除いて主語は単文の成立条件である。

ただし、これらの文法事項は、意味のある文脈の中で聞いたり話したりして活用を促すような指導の中で提示されることになっていて、文脈から切り離した文法解説や練習を行ってはならない。従って、上で示した各種事象を文法事象として児童に提示してはならない。授業では、英語が日本語とは異なる文構造の語順であることを子どもたちが認識できるような活動を、児童の実態、学習段階に応じて織り込むように努めることが求められる。

(3)「表現例」

*Let's Try!*と*We Can!*の公表を前に文部科学省が2018年3月に提示した「年間指導計画例」には、3～6年生の各学年別に表現例が示されている。これを見ると、小学校英語で扱う「文及び文構造」の具体例を知ることができる。そのうち6年生用の表現例を表1に示す。学習する表現の特徴が見えてくるだろう。

表１：６年生外国語　年間指導計画例：表現例

Unit 1 自己紹介	I'm from (Shizuoka). I like (soccer). I can (play soccer well). I am good at (running). My birthday is (August 19th). My nickname is (Ken). What [colors / subjects / fruits / sports / animals] do you like? What is your favorite [color / subject / fruit /sport / animal] ? When is your birthday?
Unit 2 日本の文化	Welcome to Japan. In (summer), we have (fireworks festival). What [food / games] do you have in Japan? We have [soba / fukuwarai]. It's [delicious /fun]. You can enjoy [rakugo / hanami / tempra].
Unit 3 人物紹介	I am (Ken). I [like / play] [the violin /baseball]. I [have / want] a new [recorder / ball]. I eat (spaghetti). I study (math). I can [swim / cook / skate / ski / sing /dance]. I can (play baseball well). Who is this? [He/ She] is [famous / great].
Unit 4 自分たちの街・地域	We have / don't have (a park). We can (see many flowers). We can enjoy [fishing / shopping /swimming]. I want a [library / park]. (Sakura) is nice.
Unit 5 夏休みの思い出	I went to (my grandparents' house). I enjoyed (fishing). I saw (the blue sea). I ate (ice cream). It was [fun / exciting / beautiful / delicious].
Unit 6 オリンピック・パラリンピック	What do you want to watch? I want to watch (wheelchair basketball). I like (basketball). Are you good at (basketball) ? Yes, I am. / No, I'm not.

Unit 7 小学校生活・思い出	What's your best memory? My best memory is (sports day). We enjoyed (running). We [went to (Kyoto) / ate (Japanese food) /saw (old temples) / enjoyed (the trip)].
Unit 8 将来の夢・職業	What do you want to be? I like (animals). I want to be a (vet). I can (play the piano well). I am good at (playing the piano). That's (good). Good luck.
Unit 9 中学校生活・部活動	I like (basketball). I want to join the (basketball team). What club do you want to join? I want to enjoy (sports day). What event do you want to enjoy? I want to [study hard / read many books /make many friends].

＜課題＞

表1の「6年生外国語年間指導計画例・表現例」から小学校外国語（英語）で扱う「文及び文構造」の各項目に対応する表現例を取り出して、「文及び文構造」項目と表現例の対応表をつくりなさい。

4. 文字

(1) 英語におけるローマ字名称の確立

英語の表記に使用するアルファベットは26文字からなり、各文字に大文字(capital letter, upper case letter)と小文字(small letter, lower case letter)がある。「アルファベット」という名称は、ギリシャ・アルファベットの最初の2文字の「アルファ(α)」と「ベータ(β)」に由来する。ギリシャ文字、エトルリア文字を経由してできたローマ字(=ラテン文字)は、古典ラテン語期には23文字(A B C D E F G H I K L M N O P Q R S T U X Y Z)あり、中世ラテン語期には、IとUの変形であるJとVが加わり、VとVの合字(ligature)であるWが加わって、今日の26文字となった。なお、英国におけるローマ字の導入は、5世紀から6世紀に始まったキリスト教伝播による。また、現代英語におけるローマ字名称が確立したのは、17~19世紀頃とされている。

(2) ローマ字の名称

英語におけるローマ字の名称を考えるには、ローマ字の源であるラテン語における名称まで遡る必要がある。表1は、ローマ字名称に関するラテン語名と英語名との比較表である。

表1:ローマ字名称の比較

ローマ字	ラテン語名	英語名	ローマ字	ラテン語名	英語名
A	[a:]	[ei]	N	[en]	[ɛn]
B	[be:]	[bi:]	O	[o:]	[ou]
C	[ke:]	[si:]	P	[pe:]	[pi:]
D	[de:]	[di:]	Q	[ku:]	[kju:]
E	[e:]	[i:]	R	[er]	[ɑ:(r)]
F	[ef]	[ef]	S	[es]	[ɛs]
G	[ge:]	[dʒi:]	T	[te:]	[ti:]
H	[ha:]	[eiʧ]	U	[u:]	[ju:]
I	[i:]	[ai]	V		[vi:]
J		[dʒei]	W		[dʌbl ju:]
K	[ka:]	[kei]	X	[iks]	[ɛks]
L	[el:]	[ɛl]	Y	[i:psi:lon]	[wai]
M	[em]	[ɛm]	Z	[ze:ta]	[zɛd,zi:]

ラテン語名には、名称の呼び方に関して3つの原則がある。①母音字はその音価で呼ぶ(A E I O U)。②子音のうち、破裂音を表す文字には、後ろに母音eを付ける(B C D G P T)。子音に母音eを付けて1音節にすることによって、発音しやすくなっている。③子音のうち、継続音を表す文字には、前に母音eを付ける(F L M N R S)。②③の原則によらない子音の呼び方については、ここでは触れない。

英語におけるローマ字の名称においても、②③の原則はそのまま引き継がれた。ただし、付随するeの音価は変化した。母音字については、14 ~ 15世紀までは英語でもラテン語名と同じ名称が使われていたが、15 ~ 18世紀にかけて英語の長母音に生じた音変化によって、現代英語におけるローマ字の母音の名称が異なるものとなった。その音変化現象は大母音推移(Great Vowel Shift)と呼ばれる。

(3) 大母音推移 (Great Vowel Shift)

1476年にキャクストン(William Caxton)が、ロンドンのウェストミンスター寺院内に印刷所を設立して印刷術を英国に導入した。これによって、印刷が広まり、綴り字(spelling)の固定化、定着化が進んだ。しかし、それに並行して前述の大母音推移が進行した。強勢を持つ長母音が、口の開き具合がだんだん狭まったり二重母音に変化するという大変容を遂げた。その概要は表2に示すとおりである。

表2：大母音推移の概要

中英語 (1100-1500年)	初期近代英語 (1500-1700年)	現代英語 (1900-　)	用例
ɑ: →	æ: → ɛ:	→ ei	make, name
ɛ: →	ɛ: → e:	→ ei	break, great
		↘ i:	meat, sea
e: →	i: →	→ i:	keep, see
i: →	ei → ʌi	→ ai	five, nice
ɔ: →	ɔ: → o:	→ ou	home, stone
o: →	u:	→ u:	food, tooth
u: →	ou → ʌu	→ au	now, tower

フランス語やドイツ語では母音の名称は、ラテン語での名称と同じくA「アー」、E「エー」、I「イー」、O「オー」であるのに英語で「エイ」、「イー」、「アイ」、「オウ」となるのは、大母音推移によることが分かるだろう。

(4) 黙字

英単語の綴字には、発音しない文字がいくつかある。これを黙字(silent letter, mute letter)という。黙字には、①かつて発音されていたが発音されなくなったものの綴字に残されたものと、②かつて一度も発音されたことないものがある。②については、しばしば誤った語源知識によって挿入されたものや、同一文字の発音の差を示すために挿入されたものなどがある。代表的なものを幾つか見てみよう。

(ア) b

・かつてbが発音されていたもの：climb, comb, lamb

・かつてbは発音されなかったもの：debt, doubt

(イ) d

・n + d +子音(h,l,r,w,hw,yを除く)：handkerchief, handsome, grandpa

(ウ) g

・語尾が-gm / -gnのとき：campaign, foreign, sign
(いずれも誤った語源解釈による挿入)

(エ) gh

・bought, caught, daughter, delight, eight, high, right, through
(ghには[g]：ghost, [f]：cough, enough, laughもある。)

(オ) k

・17世紀ごろまで発音されていた語頭のkn-：knee, know

(カ) l

・a + l +唇子音/後舌子音：almond, calm, chalk, folk, half, talk, walk

・誤った語源解釈による挿入：fault, salmon

(キ) n

・語尾の-mn：hymn, solemn

（ク）p

・語頭のps-, pn-, pt-（ギリシャ語系の語）：psalm, psychology, pseudo

・誤った語源解釈による挿入：receipt

（ケ）s

・誤った語源解釈による挿入：aisle, island（isleは語源的）

（コ）t

・s/ f ＋ t ＋ l / m / n：castle, christen, Christmas, listen, wrestle

（サ）w

・rの前：write, wrong

これらの単語は小学校英語で児童に示す単語ばかりとは限らないが、Small Talk や Teacher's Talk で使用する可能性のある単語が多く含まれている。児童にとってのロールモデルとなる指導者には、今一度、正確な発音を確認しておくことが求められるだろう。

＜課題＞

「容認発音（Received Pronunciation）」、「コックニー（Cockney）」、「河口域英語（Estuary English）」とは、それぞれどのようなものですか。

Unit 24　第２言語習得に関する基本的な知識

［目標］第２言語習得に関する基本的な事柄について理解している。

本Unitでは、「第２言語習得研究」という学問分野の一端を紹介する。この学問分野がひとつの学問分野として独立する契機となったのは、1967年に発表された論文である。それは当時エジンバラ大学の教授であったStephen Pit Corderの論文「学習者の誤用の重要性」によるとされている。

それ以降、現在まで膨大な研究が積み重ねられてきた。その概要については、白井恭弘著、『外国語学習の科学』(2008)に簡潔にまとめられている。第２言語習得研究の全体像を把握するために必要な文献である。

ここでは、第２言語習得研究において、現在でもなお影響力のあるStephen D. Krashenが提唱した、Natural Approachを支える考え方を紹介する。特に、小学校外国語活動と外国語科の指導理論を支えるものと考えることのできる内容について検討したい。

KrashenのNatural Approachについてさらに研究を進めたい場合には、藤森和子訳の『ナチュラル・アプローチのすすめ』(1986)がある。原著は、Stephen D. Krashen and Tracy D. Terrell. *The Natural Approach : Language Acquisition in the Classroom.*であり、参考文献として参照されたい。

１．第２言語学習環境と外国語学習環境

まず、ここで「第２言語」学習環境と「外国語」学習環境の違いを確認したい。文献によってはこれら両者をほぼ同義で使用している場合があるが、一応ここでは、この両者の違いについて確認したい。

「第２言語」学習環境は、例えば、日本語を母語とする日本人学生が、アメリカ東岸部のある州立大学附属の語学学校で英語を学んでいる場合が考えられる。そこでは、当然、教室内で英語を学び一歩教室外に出てもそこで話されている言語は、主に英語である。このような環境のもとで英語を学ぶ場合、英語は学習者にとっては「第２言語」と考えられるのである。

一方、「外国語」学習環境とは、教室内では英語を学ぶが、一歩教室の外に出るとその言語環境は、日本の場合、日本語である。この様な環境が「外国語」学習環境と考えられていて、学習者にとっては、英語は「外国語」なのである。

ここで大切なことは、「第二言語」学習環境と「外国語」学習環境の大きな相違点が、当該学習言語、この場合、英語であるが、その英語に触れる機会が圧倒的に、前者、「第2言語」学習環境の方が質量ともに豊かになる、ということである。

2. Krashenの「モニターモデル」

前述の図書、藤森和子訳『ナチュラル・アプローチのすすめ』(1986) にこのモデルについての詳細な説明がある。ここでは小学校外国語活動及び外国語科に関わる内容について、その概要を確認する。

Krashenが提唱した「モニターモデル」は、1970年代後半、包括的な第2言語習得の理論として提案された。1980年代には非常に注目されて、日本の英語教育においてもその理論と実践に強い影響力をおよぼしたのである。現在でもその考え方は直感的にも納得しうるものが多くあり、様々な外国語学習の現象、状況、指導法などを説明する際に引用される考え方である。

「モニターモデル」は5つの仮説から構成されている。特に重要なものは、インプット仮説である。「言語習得の必要十分条件は理解可能なインプットである」という仮説である。「理解可能なインプット」とは、言語表現そのものからその内容を理解することにとどまらず、学習者が周囲の状況や文脈などによりその内容を理解することができる、という考え方である。「理解可能なインプット」が必要であり、重要である、ということである。

次に、このインプットが学習者に十分にインプットされるには、学習者の外国語学習に対する「不安」を極力低減することが必要であるという考え方である。これを情意フィルター仮説という。教室内の雰囲気が失敗を恐れるあまりに行き過ぎた緊張感のある状態では、学習言語のインプットが十分にインプットされず言語習得が進まないという状況を招来しかねないとする考え方である。

さらに、Krashenが提唱した「モニターモデル」では、インプットされたメッセージを理解することによる無意識的な「習得」と、授業や学習参考書などで学習者が行う意識的な「学習」とを峻別している。前者が言語習得を進め、後者は学習者の発話などの正確さを確認、訂正するためのモニターとしての役割を果たす、という考え方である(モニター仮説)。

以上、包括的で学習者の直感にも訴え、納得できる部分も多々あるもののこの考え方は多くの批判に晒されることとなる。しかしながら、現在でも前述のように教室内での外国語の教授学習過程を説明する理論的な支柱のひとつであり続けている、と考えることができるのである。

3. Krashenの「モニターモデル」と小学校外国語活動及び外国語科

前項の内容を受けてここでは、Krashen の「モニターモデル」で、小学校外国語活動及び外国語科の指導を読み解いてみたい。まず、小学校外国語活動及び外国語科の要諦のひとつが、外国語、すなわち英語に「慣れ親しむ」ことなのである。この「慣れ親しむ」こととは、すなわち、外国語に触れることなのであり、まず、触れることとはその外国語の音声を聞くことから始まる。音声によるインプットなのである。

例えば、外国語活動も外国語科も授業の中心は、「聞くこと」と「話すこと」である。外国語科の「読むこと」と「書くこと」についても、「読むこと」は、「音声で十分に慣れ親しんだ簡単な語句や基本的な表現の意味が分かるようにする」であり、「書くこと」は、「音声で十分に慣れ親しんだ簡単な語句や基本的な表現を用いて書くことができるようにする」のである、と示されている。

さらにその内容は、「自分のことや身近で簡単な事柄」なのである。この「自分のことや身近で簡単な事柄」とは、子ども自身のことやその身の回りの卑近な事柄が想定されている。その場面や状況から理解を助ける得るインプット、すなわち、「理解可能なインプット」を行うことが考えられている。

例えば、日本語の場合ではあるがテレビのCMの場合を考えてみよう。私たちは常日頃、テレビのCMは聞くとはなしに聞いている、また、見るとはなしに見ている、という状況で視聴していることが多々ある。その結果、そのCMで流れているキャッチコピーのフレーズ、音楽、映像がテレビを視聴している私たちに無意識のうちにインプットされ、ある時、ある場面でこれも意識していないにもかかわらず、そのフレーズが口からついて出てきたり、そのフレーズを使って日常会話の中で発話してみたり、また、音楽やそのメロディーを口ずさんだり、体でリズムを取っている自分に気づくことがある。

この現象は無意識の内に行われている。自分の口からついて出てきたフレーズ、すなわちひとかたまりの定型表現（chunk）がある場面や状況のもとで、意識せずとも口をついて出てくる、ということはよくありがちなことである。

ここで示した例は日本語ではあるが、CMの内容が英語であってもここで説明したことと同様なことが起こり得る。このことは授業中の児童の活動の様子や自分自身の英語学習の経験から直感的ではあるが理解することができるのではないか、と考えられる。明示的な学習ではなく暗示的な学習が小学校外国語活動及び外国語科の指導を進める重要な考え方なのである。そう考えるとCMで流れる日本語を英語に置き換えても、これらの場面は、まさに「理解可能なインプット」と考えることができる。「モニターモデル」のインプット仮説の典型的な場面と考えることができるのである。

また、情意フィルター仮説の具体的な例として考えることができる場面についても説明したい。Unit 4でもすでに説明しているが、情意フィルターは外国語学習に対する不安が外国語のインプットを妨げるという仮説で、この不安が小さければ小さいほど与えられたインプットが習得につながる、習得を進めることになるという仮説である。すなわちフィルターが低ければ低いほど習得が進むのである。小学校の教室内では外国語を聞いたり話したりすること、読んだり書いたりすることに対する子どもの不安を低減する工夫が行われている。

例えば、音声中心に授業を進めることや電子黒板、Picture cardを多用して視覚的に英語の基本的な語句や表現の内容、意味を音声とともに視覚的に場面や状況を設定することから、それらの意味を捉えることができるような工夫がふんだんに行われているのである。授業中の指導の在り方においても子どもの誤りや間違いなどを取り立てて指摘、注意することではなく、教師や外国語指導助手（ALT）が正しい発音や表現を示すというrecastという手法をとり外国語学習に対する不安のフィルターを極力低減、下げるよう工夫がされている。

４. 外国語学習のメカニズム

白井（2008、2012）がその著書、『外国語学習の科学』（2008）において、外国語学習のメカニズムについてまとめている。白井（2008）は、Krashenの理論（仮説）に影響を受けながら前述のとおり1967年、エジンバラ大学のStephen Pit Corderの論文から第２言語習得研究がひとつの学問分野として確立して後の膨大な研究成果を概観して外国語学習のメカニズムをまとめている。

それは次のとおりである。

（１） 言語習得はかなりの部分がインプットを理解することによって起こる。
（２） 明示的な知識を身につけた上での意識的な学習は、
　a. 発話の正しさをチェックするのに有効である。
　b. 自動化により実際に使える能力にも貢献する。
　c. 聞いているだけでは気づかないことを気づかせ（noticing）、（１）の自然な習得を促進する。

と簡潔にまとめているのである。ここでは、「自動化」という考え方がある。「自動化」とはある行為行動、例えば、自動車の運転を例にあげて説明することができる。自動車は、エンジンを始動し前後左右の安全を確認してブレーキを外せば自然に動き出して、公道を疾走するのである。この一連の手順は運転免許を取り立ての頃は、ひとつひとつの動作を意識的に確認しながら自動車を運転している。しかし、このことを何百回、何千回、何万回と繰り返していくうちに自動車の運転席に座ると意識せずとも手や足が勝手に動き出して安全を確認して自動車を走らすことができるようになるのである。これが「自動化」である。

このことは言語学習においては、pattern practice といわれる指導法に具体化されて、日本の英語教育において一時期盛んに多用された指導法のひとつであったと考えることができる。白井（2008）は、第２言語習得研究の成果等を概観して前述の外国語学習のメカニズムを提案している。

5. 臨界期仮説

最後に、ここで小学校外国語活動及び外国語科の指導上、重要な概念である「臨界期仮説」を簡潔にまとめたい。

今回の学習指導要領の改訂で、小学校外国語活動が早期化され、外国語科が教科化された。この理論的な支柱のひとつに「臨界期仮説」があるといっても過言ではない。年齢が言語習得の成否に非常に大きな影響をあたえる、という事実は、第二言語習得研究で定説になっている。つまり学習を始める年齢によって、学習が成功する確率が大きく変わってくるということである。これがすなわちよく知られている「臨界期仮説」という考え方である。

言語学習には、「臨界期」、すなわち、その時期を過ぎると学習が不可能になる、または、学習が進まない、という考え方である。この時期を過ぎるとネイティブのような言語能力を身につけることは不可能になる、というものなのである。

しかし、ここで注意しておかなければならないのは、学習年齢が言語習得の成否に強い影響をあたえる、ということについては、研究者の間で意見が一致しているものの、ここで示されている「臨界期」というものが実際にあるのか、またあるとすれば何歳ぐらいなのか、ということについては、まだ様々な考え方があり議論が行われている、ということである。

＜課題＞

白井恭弘(2008)『外国語学習の科学』(岩波新書)を通読して自分の関心ある研究内容についおいてレポートしてください。

Unit 25　児童文学（絵本、子ども向けの歌や詩等）

[目標] 児童文学（絵本、子ども向けの歌や誌等）について理解している。

1. 児童文学とは

児童文学とは物語、本、絵本、雑誌、詩、歌、昔話などを含む幅広いジャンルである。小学校の英語の授業では、特に子どもが喜び好奇心がわく物を選ぶ必要がある。*Hello Friends! 2*には、日本人にお馴染み深い「桃太郎」が載っていた。応用言語学的な観点から考えてみると、児童文学を使うと、児童に確実に大量のインプットを与え、少量のアウトプットも期待できる。何度も同じ言葉・表現・話を繰り返して聞くことが効果的なインプットになる。最初は子どものアウトプットは少量でよい。繰り返しで発音・語彙力は育成されていく。好きな歌などであれば、何度聞いても飽きない子どももいる。聞いて、調べて、比較して、体を動かして、いろいろな活動を通して児童文化を授業に取り入れることが可能である。日本で英語を習っている児童生徒にとって、絵本はどのように活かせるのであろうか。

2. 英語の絵本

素敵な面白い英語の絵本は、たくさんある。いろいろな絵本を教室に準備し、まず、児童にそれらを見てもらう。それから、「見たい・聞きたい」絵本を選び、日本人の教員、ALTあるいは地域の人がその絵本を子どもに読み聞かせをする。児童に絵本を選んでもらうことによって、絵本に対する好奇心がより高まり、効果的となる。福島（2018）の提案する小学校での英語を教える方法の一つは英語で児童にストーリーを語ることである。次に、その使い方について次に考えてみる。

ア）ストーリー性を活かす

絵本を子どもに紹介する時、焦らないことが大切である。物語の筋について、日本語や英語で質問したり、子どもに推測させながら次のページに進むことが子どもにとっては楽しい活動になる。状況から子どもがその単語の意味を推測できる機会を与えるのも大切である。少しずつ次のページを開いて、全部を一度に紹介せず、ある部分だけを見せて、質問をして子どもに推測させながら読んでいくほうが楽しい。例えば、第3年用絵本の「In the Autumn Forest」の場合は、森の中で出てくる動物について次の質問を子どもにしながら、活動を進めていく。

What is this? What sound does it make?
Can you see the ( )?
Where is the ( ) ? Please show me.
What colour is this? Where is its face?

（子どもへの簡単な質問を通して、絵本の単語・内容などを紹介・確認する。）

　このようにゆっくりとしたペースで絵本を紹介していくと、子どもが自分の考えや気持ちなどを教師と伝え合ったり、児童との良いやり取りができる。子どもの関心が絵本に向き、対話的な英語の練習にもなる。気に入った絵本の場合、一回のみではなくて、定期的に繰り返して子どもに同じ絵本を紹介したら良かろう。

イ）絵本にある新しい知らない文字に興味を活かす

　上で述べてきたように、物語のあらすじを紹介する授業でも良いが、徐々に児童は絵本に書いてある日本語以外の文字にも興味が出てくる。その興味・関心を活かして、授業を進めることが大切である。中学年なら、登場する猿、キジ、などのキーワードを選び、紹介すればよい。黒板にその単語を書いて紹介し、絵本を読んでいくときに、その英単語を児童に探してもらう。

・頭文字のクイズ

　大きいカードか黒板に単語を書いて、その単語の頭文字が言えるかどうかをクイズにする。子どもが単語を全部読めなくても、頭文字の練習にはなろう。子どものペアかグループから、一人を選び、文字を指で示すゲームもできよう。

・指でフォロー

　絵本が何冊かあれば、児童に絵本を持たせて、児童二人が話を聞きながら、指で文章の中の単語をフォローしていく。あるいは、文章一つを黒板に書いて、それをフォローしても良い。文字の方向、英単語の区切れなどに慣れ親しむ第一歩になろう。

・単語を探す

絵本に出ている単語いくつかをカードか黒板に書き写して、児童がそれを見つけるかことがどうかというゲーム・練習も可能である。

・フォニックスを使って絵本の内容を活かす

英語圏の小学校では、フォニックスを使って読み書きを習う国が多い。ネットで検索し調べてみたら、日本でも、興味深いアイデアがたくさん紹介されていた。次にフォニックスの定義をみよう。

フォニックスとは、発音と文字の関係性を学ぶ学習法で、もともと英語圏の子供たちに読み書きを教えるために開発されたものである。アルファベットごとの発音を先に学ぶことで、知らない単語でも、耳で聞いただけでスペリングがわかり、正しく書くことができる。　(Matsuka Phonics Institute、HP)

新学習指導要領対応小学校外国語教材の74～75ページに「Sounds and Letters」という紹介がある。さらに、下に示されているように、*New Horizon 5*教材のジングルの例では、単語の絵の上に大文字と小文字が書いてあり、それらの頭文字の音だけを紹介されている。例えば、Aの場合、A文字の一番よく出ている音「/ æ /」を繰り返してから、単語を言う。フォニックスを使って、A、B、Cを簡単に紹介したら下記の通りになる。

文字	A a	B b	C c
単語	apple	banana	corn
音声で聞く	/æ æ æ/ － apple	/b b b/ － banana	/k k k/ － corn

教材としては「Alphabet Jingle」や「Countries Jingle」もある。これも1回だけではなく、授業で繰り返して紹介すれば効果的であろう。https://tsho.jp/02p/e5/jingle/food/sound/index.html)

・英語のリズムに注目する

面白い物語なら、感情を入れて読んだほうがよい。悲しい場面、嬉しい場面、びっくりした場面などでは強弱のストレスが違う。言葉をゆっくり読む部分もあり、速く読む部分もある。この英語の特徴を紹介して、児童を自然な英語に慣れ親染ませることが大切である。学習指導要領には次のことが書かれている。

単元目標

・日本語と英語の音声やリズムの違いに気付き、誰かと尋ねたりする表現に慣れ親しむ。(知識及び技能)

・絵本などの短い話を聞いて、おおよその内容がわかる。(思考力、判断力、表現力等)

・絵本などの短い話を反応しながら聞くとともに、相手に伝わるように台詞を真似て言おうとする。(学びに向かう力、人間性等)

このように良いモデルが必要である。CDがついている絵本もたくさんある。文部科学省のサイトに補助教材の「In the Autumn Forest」及び「Good morning!」の紹介及び説明がある。音声はCDから聞いても良い。それからYouTubeでも海外の有名で人気のある絵本の映像がたくさん紹介されているので、それらを利用しても効果的であろう。

指導要領に「高学年になると、推測しながら読んだり、語順を意識しながら書いたりするというようなコミュニケーション活動がある。絵本もこのような活動にも役に立つ。絵本の短い話を聞いておおよその内容をつかむ。」と記されている。教師はガイド的な存在で良かろう。絵本・物語を一方的に全部説明する必要はない。子どもと一緒に次のページにあるもの、話の展開を推測しながら、読んでいく方がよい。

3. 歌・チャンツ・詩

「小学校外国語活動・外国語研修ガイドブック」に次のように歌やチャンツについて説明されている。「歌やチャンツは、児童が音程やリズムに合わせて活動することができ、楽しみながら自然に英語の音声や表現に慣れ親しむことができるため、小学校の授業では多く取り入れられている」(ガイドブック、p.105)

歌、ジングルやチャンツには英語の自然なリズムがある。メロディーのいい歌は児童に慣れ親しみやすい。一回だけではなく、子どもにいろいろな歌、ジングルやチャンツを紹介して、児童のお気に入りのものを何回も繰り返して聞かせるとよい。さらに、教師と一緒に歌うと、児童の恥ずかしさを軽減できるし、自然にリズムなどを身につけることもできる。例えば、毎回の授業の始めか終わりを「Song Time」か「Chants Time」にすれば、子どもが自然な英語のイントネーションやリズム、語順や語彙に触れることができよう。

大切なポイントは、歌およびジングルなどを紹介するとき、聞くだけではなく、活動としてジェスチャや動作をつけたほうがよい。歌を聞きながら、決まった単語が出たら、児童に何かの動作をさせることが効果的であろう。聞く必然性が生まれてくるからである。例えば、*New Horizon Elementary*, Unit 2, Let's Singに、次のような表現で動作をさせると児童がより注意深く聞くことになると紹介されている。

When you hear the word '1st', point to the door.（歌で単語を聞いたら、
When you hear the word 'Halloween', touch your nose.　動作をする。）
When you hear the word 'birthday', clap two times!

3.1 Jazz Chants

英語教育ではチャンツに以前より関心を持っている教師がいる。チャンツというのは、一定のリズムに乗せて、同じ表現や単語を繰り返して歌う短いメロディーという意味である。子どもがチャンツを歌うと、単語と表現を見につけることができると共に、英語のリズムに気づき、注意が向く。アメリカ人のチャンツの専門家のCaroline Grahamの「Jazz Chants」をかなり注目されている。短いチャンツもあるし、長いのもある。次のチャンツでは特に英語のリズムがわかり易く紹介されている一例である。

コーラス（子ども）	ソロ（教師など）
Tall trees, tall trees, big tall trees.	The coast of California
Tall trees, tall trees, big tall trees.	is a beautiful sight
Tall trees, tall trees, big tall trees.	with the tall trees,
Tall trees, tall trees, big tall trees.	tall trees, big tall trees
	(Jazz Chants, p.13)

このチャンツではコーラスとソロの部分に分かれているので、コーラスと同時にソロの部分も歌うことはできる。YouTube上のビデオを見ながら、児童に紹介すれば、よくわかろう。筆者は25年前から英語のプレゼンテーションの授業の始にこのようなJazz Chantsを取り入れている。大学生にとっても、英語のリズムに楽しく慣れ親しむことができる。小学校の場合、ジェスチャーで英語のリズムに合わせて手を叩いてもよい。授業の導入に使える。

4. わらべ歌および詩

英語圏の若い子どもが聞いて習う「lullaby」及び「nursery rhymes」(わらべ歌) などを授業に取り入れてもよい。児童にとって歌のメロディーのリズムだけでも興味を引く。歌を聞かせた後で、児童からその歌についての質問を受ける。そうすれば、内容・聞き取れた単語などについての質問及びコメントが児童から出てくる。DVDなどがあれば、Let's Watch and Thinkの活動でさらにわかり易くなる。それから、もう一度、ジェスチャー、動作、手遊び、振り付けなどをつけて聞かせてやるとよい。

学年ごとの指導の例

中学年	繰り返しの多い歌	
Baa Baa Black Sheep	黒い羊の子歌	
Incy Wincy Spider	小さなクモさん	
This is the Way the Wheels go Round	バスの車輪の歌	
Old McDonald Had a Farm	マクドナルドおじいさんの牧場	
高学年	内容も紹介して	
Mary Had a Little Lamb	メアリの仔羊	(過去形)
If You're Happy and You Know It	幸せなら、手を叩こう	(過程法)
Did you Ever See a Lassie?	おじいさんを見たことある？	(疑問文)

このような代表的な英語圏のわらべ歌を日本のわらべ歌と比較したらよい。YouTubeで検索したら、子どもに紹介できる映像などが多い。映像を見ることによって、気づき・異文化についての好奇心が芽生える。日本のわらべ歌な

どと比較しても良い。例えば、NHKの「にほんごであそぼ」のわらべ歌を聞いてから英語のわらべ歌を聞いてもよい。

「ひたすら聞かせる」ことが中心だというオプションもある。紹介する歌に動作などをつけて、教師がリードをとって紹介して、授業の初めなどで「聞きまくる」ぐらい聞かせる。その後、中間指導的で内容について英語で質問を児童に投げかけても良いだろう。このような活動には、児童英語専門家の久埜百合の教科書はとして「「うたって遊ぼう　小学生の英語の歌」」は人気のある一冊である。

指導場面で使える英語表現

Listen carefully.	よく聞きましょう。
Let’s sing it in a circle.	輪唱しましょう。
You go first.	あなたからどうぞ。
Let’s sing it once more.	もう一度歌いましょう。
Let’s sing it together.	一緒に歌いましょう。

（久埜他、2019、7、一部筆者編集）

小学校の英語のクラスでは、次のような簡単な英語の詩を教材として用いることができる。特に子どもたちの関心をひくものは、韻を踏んでいる英語の簡単な詩であろう。教師が次の「Little Seed」のようなわかりやすい詩を選び、子どもたちに読み聞かせたら、彼らは日本語にないその独特のrhymeに興味を持つと思える。

I plant a little seed
In the ground
Out comes the sun
Big and round
Down come the rain drops
Soft and slow
Up comes the flower
Grow, grow, grow!

この詩では、*ground*と*round*および*slow*と*grow*のような同じ音がrhymeになっていることに子どもたちすぐに気づくであろう。このような短い詩には、それに相応しいジェスチャーと動作をつけ、クラス全員で声を出して繰り返すことによって理解を深めることができよう。

5. まとめ

ユニット6で紹介したように、臨界期仮説によってわかるように、子どもの一つの「特技」は言葉を吸収する力である。その力を活かして、正しいわかり易い自然な英語らしいリズム・強弱のイントネーションなどを紹介すれば、児童にとって、良い英語の基盤づくりになる。毎回の授業に読み聞かせ、歌、ジングル、チャンツなどを利用すれば、子どもが少しずつ自然な英語に慣れてきて、日本語と英語の違いを意識し、より上手な英語の話し手になる可能性が高くなる。それと共に、子どもにとって、歌・チャンツ・絵本の読み聞かせなどは楽しい活動で、英語のクラスを楽しみに待つ授業の一つになる。

＜課題＞

1. Caroline Grahamの「Tall Trees」のチャンツをYouTubeで聞いて下さい。このチャンツの学習ポイントはどこにありますか。このチャンツの中で児童がするジェスチャーなどを考えて下さい。この活動をどのように紹介しますか。このチャンツの英語の音声のどこに注意した方がよいですか。(https://www.youtube.com/watch?v＝ARK7nPjaOEw)
2. The Very Hungry Caterpillarの大型絵本、とYouTubeの映像をどのように授業に使いますか。中学年と高学年の活動を考えてみて下さい。中学年の児童にどの単語に注目すべきですか。6年生なら何に注意をしてみてほしいですか。(https:www.youtube.com/watch?v＝75NQK-Sm1YY)
3. 「Old MacDonald Had a Farm」を授業にどのように紹介し、展開し、どの動作などをつけますか。具体的に活動を作成してください。
4. 「Little Seed」をどのように中学年の子どもに紹介しますか。教師とALTの役割を考えて下さい。
5. 3年生の授業に使われる歌を一つ選んで、どのように中学年の子どもに紹介しますか。

Unit 26　異文化理解

[目標] 異文化理解に関する事柄について理解する。

1. 異文化理解とは

新学習指導要領には「英語が世界で広くコミュニケーションの手段として用いられている実態」が記載されている。こう考えると、小学校英語には異文化理解がとても大切である。「理解」は「紹介と比較」というように解釈してもよい。色々な国と文化を紹介して、英語でコミュニケーションの必然性と楽しさを児童にアピールできる。中学年の授業で身近な話題から始め、高学年になるともっと幅広い紹介と比較、身近なテーマについて発表することが求められる。異文化理解は言語能力、文化の知識、コミュニケーション能力と同じぐらい大切である。

中教審議では、「見方・考え方」を「外国語で表現し伝え合うため、外国語やその背景にある文化を、社会や世界、他者との関わりに着目して捉え、コミュニケーションを行う目的・場面・状況に応じて、情報を整理しながら考えなどを成形し、再構築すること」と定義している（ガイドブック、p.15）。「外国語を通して、言語や文化について体験的に理解を深め、日本語と外国語との音声の違いについて気付くとともに、外国語の音声や基本的な表現に慣れ親しむようになる」という指示もある。「外国語を通して言語やその背景にある文化に対する理解を深め、相手に配慮しながら、主体的に外国語を用いてコミュニケーションを図ろうとする態度を養う」が外国語活動の目標 (3) である。外国語科の目標 (3) は「外国語の背景にある文化に対する理解を深め、他者に配慮しながら、主体的に外国語を用いてコミュニケーションを図ろうとする態度を養う」である。

これらを踏まえて、小学校英語の授業では「異文化理解」は子どもがまず周りの文化を調べてから、外国語の背景にある文化も調べて、その二つを比較し、クラスメートの間で、英語で使い、伝え合うことである。「体験的」にいうと、実際に多文化のゲーム、歌、イベント、画像などを学校でする・紹介することである。

2. 授業について

外国人が小学校に行くと、児童が自発的にいろいろな質問をしてくることが多い。新しく現れた人に好奇心で溢れている。「Where are you from?」とか「Do you like …？」というような質問が多い。その児童の自然な好奇心はとても大切である。

学習指導要領には、下記の説明が記載されている。

(1)「外国語の音声や文字、語彙、表現、言語の動きなどについて、日本語と外国語との違いに気付き、これらの知識を理解することともに、読むこと、書くことに慣れ親しみ、聞くこと、読むこと、話すこと、書くことによる実際のコミュニケーションにおいて活用できる基礎的な技能を身につけるようにする。」(旧CS)

ここで「外国語」というのは、主に「英語」を示しているが、日本語を話す子どもにとって、その英語をコミュニケーションの手段の必然性をアピールするには、世界中のいろいろな国・言語・文化を紹介する必要もある。さらに、新学習指導要領には文化の理解の重要性についても述べてある。

(3)「外国語の背景にある文化に対する理解を深め、他者に配慮しながら、主体的に外国語を用いてコミュニケーションを図るとする態度を養う。」(旧CS)

文化についての理解は社会科でも紹介されているが、英語の授業ではことばに注目することができる。児童の身近なことばを比較してもよい。第一歩として、例えば、色々な国の国旗及び挨拶などを比較してもよい。挨拶から始まって、児童の興味・関心・実態を踏まえた身近なものの英単語を尋ねたり紹介したりしてもよい。そうすると、「英語・英単語」がもうすでに周りに存在していることに児童が気づく。

3. 自分の文化をまず調べてみる

海外留学で海外に行く大学生の大半が言うのは、もう少し日本の習慣、文化、歴史などを説明できたらよかったのにということである。小学校英語にはまず、自分の周囲の文化を知り、それらを説明できるような英語の基盤づくりを取り入れる活動が必要であろう。例えば、身近なもの、食べ物、イベントなどに関する単語から始まって、高学年なら、文章か発表などでそれらを紹介できる。

4. 英語の力vs異文化理解

長期的に考えれば、英語の能力と同じぐらい大切なテーマは異文化理解である。英語が上手であっても他国の情報・事情・理解がないかぎり、英語の教育にとっては何か足りない、何かが不十分であろう。将来は、日本国内はもっと「国際的」になるに違いない。現在でも例えば、2019年の新宿区の成人式に出た若者の45%は様々な国籍を持っている外国人であった。国内で共生するには、英語の力だけではなく、異文化理解が欠かせないのである。

5. 国際化が進む日本

最近、「Visit Japan」というキャンペーンのおかげで、「インバウンド」という単語もしばしば日本語で使えるようになった。香川県でも海外から来た観光客がこの5年で倍ぐらい以上増えてきている。高松空港から香港、上海、ソウルへの直航便がある。そういう状況の中では、子どもにとって「海外」、「外国人」、「観光客」に加え、「英語」という存在がさらに大きくなってきている。

*We Can 2*に「Welcome to Japan」というユニットがある。ブラジル、インド、エジプト、オーストラリアの人との文化を紹介するユニットである。食べ物や行事を紹介し、「Let's Watch and Think」というところで、日本の伝統的な遊びを紹介する項目がある。児童の身近な文化を調べながら、周囲の様々な文化も調べる。そうすれば、児童の言葉への自覚も促され、日本の文化と様々な国の文化を比較しながら、外国語を用いたコミュニケーションを通して、周囲の様々な事柄を紹介できるようになる。(*We Can*, Unit 2)

2019年にLonely Planetという人気がある英語版観光案内書に、アジア・太平洋地域(Best in Asia Pacific)の中のランキングで四国が2位であった。同年1月10日付けにThe New York Times紙に「52 Places to Go in 2019」に第7ランキングが「Setouchi Islands, Japan」となった。その記事には、香川県三豊市の紫雲出山からの風景の写真が掲載されていた。同市の秩母ヶ浜に観光客が数多く訪れるようになった。このように、英語学習と共に英語圏の国々の文化と共に、様々な国々の文化を児童に紹介すれば、児童の異文化理解に関する好奇心が増し、異文化理解への関心の第一歩ともなり、英語学習の意欲にも繋がる効果が期待できよう。

小学校中学年から高学年につなぐ課程では下記の順番でよい。少しずつ幅広くテーマ・相手・聞き手を拡大していく。異文化理解について、体験的というポイントも大切である。実際に英語圏と他文化の歌、ゲーム、イベントと日本のものを比較して体験したほうがよい。

外国語活動　→　外国語

教室の中のもの　　教室の隣のもの　　学校外のもの　　学外の人、ゲスト
子どもの趣味・関心　→　他教科との関連　→　異文化・外国の話　→　地域の人
ゲーム、クイズ　　比較、気づき　　やりとり　　発表

6. 実践例

異文化理解の要素が入っている外国語活動の実践例を一つ紹介する。米国から大学に留学している８人の留学生のグループを大学の附属小学校に招いた。小学校６年生の英語の授業で児童が日本の文化を紹介するテーマを決めて、グループに別れて、写真、カード、文章を準備して、グループごとに準備したテーマについて英語で発表した。テーマは花火、うどん、富士山のようなテーマであった。教室の黒板に「Welcome to Kagawa!」という言葉の隣に、富士山の絵なども大きく描かれていた。留学生が順番に子どもの説明を聞いて、質問したり、ゲームをしていた。テーマを紹介した時に、子供が絵や英語と日本語の単語が書かれていたカードを使っていた。とても活発で楽しい活動であった。留学生はアメリカの大学に在学していたが、中には中国出身やメキシコ出身の学生もいた。小学生にとって、「アメリカ人は皆こうだ」という固定概念・先入観を避けるにはとても良い活動であった。

旧CS外国語活動にある目標の

(イ) 日本人と外国人の生活や習慣、行事などの違いを知り、多様な考えがあることに気付くこと

(ウ) 異なる文化を持つ人々との交流などを体験し、文化等に対する理解を深めること、に適した活動である。

7. 教員及びALTの体験の紹介

留学生を学校に呼ぶケースは少ないが、教員自身の興味深い体験に基づいた話があれば、とても良いスタートにもなる。ALTが出身国の話も紹介してもよかろう。食べ物、習慣、イベントなどの写真、絵、ビデオなどを利用してもよい。教員自身の身近な異文化体験を少しだけでも子どもに紹介できれば、子どもの好奇心が増える。

8. 異文化に関する活動

授業で色々な国々の紙幣と日本の昭和初期ぐらいの紙幣を準備して子どもに紹介する活動である。児童をグループにわけて紙幣に書いてある文字などを調べてもらう。グループで表に国名などを書きうつしてから、グループごとにその国々の英語名と通貨の名前を調べて、お互いに確認する。教員は「Which country is this?」や「What is its name in English? In Japanese?」などで子どもに質問をする。色々な紙幣の大きさ、色、デザインなどを見て子どもの関心が高まる。これらは子どもにとって良い異文化理解へのスタートで、下記の小学校学習指導要領解説の項目にも適している活動である。

> 外国語を通して、言語や文化について体験的に理解を深めコミュニケーションを図る素地となる資質・能力を育成することを目指す。
> (ウ) 文字の読み方が発音されるのを聞いて、活字体で書かれている文字と結びつける活動外国語を通して、言語や文化について体験的に理解を深め、日本語と外国語との音声の違い等に気付くこととともに、外国語の音声や基本的な表現に慣れ親しむようにする。(ガイドブック、p.16)

9. まとめ

全国で毎年外国人の数が増えている。研修生、留学生、専門家、日本人と結婚している外国人、労働者、様々な国の人が日本で住んでいる。コンビニで働いている人が全員日本人であった5年前と比べ、現在はベトナム、ネパール、インドなどからの様々な人がコンビニで働いている。こうした現状で、異文化理解に関する事柄について理解することはとても大切なテーマである。国内でも海外でも自分の文化と多文化の比較、類似点、相違点を知っていれば役に立つ。特に英語を初めて触れる子どもにとって、英語でのコミュニケーションの面白さ、必然性と楽しさをアピールするには、異文化に関する活動は授業に欠かせないものであろう。

＜課題＞

1. 小学校の英語の授業では、どういう地元の文化やイベントを英語で紹介することがありますか。中学年用と高学年用の活動を作って下さい。
2. New Horizon Elementary 5, Unit 1, Hello, friends の Over the Horizon の映像教材に使う活動を作って下さい。そうして、授業にどのように使うのかを具体的に考えて下さい。(http:tsho.jp/02//e5/over/unit1/movie)

引用・参考文献

【欧文文献】

Brown, H. D. & Lee, H. (2015). *Teaching by principles* (4th ed). NY: Pearson Education.

Carle, E. *The Very Hungry Caterpillar,* animated film. YouTube. https:// www.youtube.com/watch?v = 75NQK-Sm1YY

Clark, H., & Clark, E. (1977). *Psychology and language: An introduction to psycholinguistics.* NY: Harcourt Brace Jovanovich.

Dörnyei, Z. (1994). Motivation and motivating in the foreign language classroom. *Modern Language Journal*, 78, 273-284.

Dörnyei, Z. (2001). *Motivational strategies in the language classroom.* Cambridge: Cambridge University Press. ［米山朝二・関昭典（訳）（2005）『動機づけを高める英語指導ストラテジー35』東京：大修館書店］

Gass, S. M. (1997). *Input, interaction, and the second language learning.* NY: Routledge.

Graham, C. (2000). *Jazz chants - Old and new.* Oxford: Oxford University Press.

Graham, C. *Tall Trees,* video. YouTube. https:www.youtube.com/watch?v = ARK7 nPjaOEw

Hart, B. & Risely, T. R. (1995). *Meaningful differences in the everyday experience of young American children.* Baltimore: Brookes.

Krashen, S. (1982). *Principles and practice in second language acquisition.* Oxford: Pergamon.

Krashen, S. & Terrell, T. (1983). *The Natural Approach.* New York: Pergamon. ［藤森和子（訳）（1986）『ナチュラル・アプローチのすすめ』東京：大修館書店］

Lightbown, P. M. (2000). Classroom SLA research and second language acquisition. *Applied Linguistics*, 21, 4.

Lonely Planet.「Best in Asia Pacific」2019年07月30日検索

Maybin, D. & Bergschneider, L. (1992). Control: An independent learning model. *Cross Currents,* 19.2, 149-159.

New York Times.「52 Places to Go in 2019」2019年01月10日検索

O'Grady, W. (2005). *How children learn language.* Cambridge: Cambridge

University Press.

Pinter, A. (2017). *Teaching young language learners: 2nd edition.* Oxford: Oxford University Press.

Richards, J. (1983). Listening comprehension: Approach, design, procedure. *TESOL Quarterly, 17*(2), 219-239.

Tomasello, M. (2003). *Constructing a language.* Harvard: Harvard University Press.

Wiggins, G. & McTighe, J. (2006). *Understanding by design* (Expanded 2nd ed). New Jersey: Pearson Education Inc.

【和文文献】

泉惠美子・門田修平 (2016).『英語スピーキング指導ハンドブック』東京：大修館書店.

伊藤健三 (1983).「学習指導要領と言語活動」、『研究紀要』Vol. 9. 東京教育研究所.

岩村圭南 (1994).『英語の正しい発音の仕方 (基礎編)』東京：研究社.

宇賀治正朋 (2000).『英語史』東京：開拓社.

mpi松香フォニックス (2019). ホームページ　http:mpi-j-.co.jp

江川泰一郎 (1991).『英文法解説―改訂三版―』東京：金子書房.

大津由紀雄 (2004).『英文法の疑問』東京：NHK出版.

大名力 (2014).『英語の文字・綴り・発音のしくみ』東京：研究社.

門田修平・池村大一郎 (2006).『英語語彙指導ハンドブック』東京：大修館書店.

門田修平・野呂忠司・氏木道人 (2010).『英語リーディング指導ハンドブック』東京：大修館書店.

木下是雄 (1981).『理科系の作文技術』(中公新書) 東京：中央公論新社.

久埜百合・永井淳子・粕谷泰子 (2019).『うたって遊ぼう小学生の英語の歌』東京：小学館.

久野暲・高見健一 (2004).『謎解きの英文法　冠詞と名詞』東京：くろしお出版.

清水遥 (2019).「『Let's Try!』と『NEW HORIZON Elementary』で扱う語彙数について」https://ten.tokyoshoseki.co.jp/ten_download/2019/2019053189/2019053189-02.htm

白井恭弘 (2008).『外国語学習の科学』(岩波新書) 東京：岩波書店.

白井恭弘 (2012).『英語教師のための第二言語習得論』東京：大修館書店.

白畑知彦・冨田祐一・村野井仁・若林茂則 (2009).『改訂版英語教育用語辞典』東京：大修館書店.

鈴木寿一・門田修平 (2012).『英語音読指導ハンドブック』東京：大修館書店.

竹林滋 (1991).『英語発音に強くなる』(岩波ジュニア新書) 東京：岩波書店.
竹林滋・清水あつ子・斎藤弘子 (2013).『改訂新版 初級 英語音声学』東京：大修館書店.
田地野彰 (2011).『＜意味順＞英作文のすすめ』(岩波ジュニア新書) 東京：岩波書店.
田地野彰 (2014).『NHK基礎英語「意味順」書き込み練習帳』：東京：NHK出版.
田中耕治・鶴田清司・橋本美保・藤村宣之 (2012).『新しい時代の教育方法』東京：有斐閣.
田中美輝夫 (1970).『英語アルファベット発達史』東京：開文社出版.
土屋澄男編著 (2011).『新編英語科教育法入門』東京：研究社.
手島良 (2019).『これからの英語の文字指導：書きやすく読みやすく』東京：研究社.
寺澤盾 (2008).『英語の歴史』(中公新書) 東京：中央公論新社.
東京書籍 (2019). *New Horizon Elementary English Course* 東京書籍 HP http:te.tokyo-shoseki.co.jp/shou/eigo/.
東京書籍 (2019). *New Horizon Elementary 5*, Unit 1, Hello, friends. Over the Horizon 東京書籍 HP https://tsho.jp/02p/e5/over/unit1/ movie/
東京書籍 (2019). *New Horizon Elementary 5*, Jingle 東京書籍 HP http:tsho.jp/02p/e5///jingle/food/sound/index.html
東京学芸大学 (2017).『文部科学省委託事業「英語教員の英語力・指導力強化のための調査研究事業」平成28年度報告書』.
中住幸治 (2019).「「外国語活動」直前の英会話授業からの一考察」『香川大学教育実践総合研究』38, 27-38.
中村典生 (2019).『コア・カリキュラム対応　小・中学校で英語を教えるための必携テキスト』東京：東京書籍.
丹羽牧代・丹羽卓・地蔵繁範 (2019).『母語干渉とうまくつきあおう』東京：彩流社.
畑江美佳 (監) (2017).『小学校英語アルファベットの大文字小文字を覚えよう』東京：マルジュ社.
樋口忠彦・加賀田哲也・泉惠美子・衣笠知子 (編) (2017).『小学校英語教育法入門』東京：研究社.
福島三枝子 (2018).「English for elementary school teachers in Japan: Ways of enriching teachers' experience in learning and using English.」『富山国際大学子ども育成学部紀要』第9巻, 第2号.
本田勝久・星加真実・田所貴大 (2018).「小学校英語で来る新教材 *We Can!* の語彙分析」『JASTEC研究紀要』37, 169-185.
村上加代子 (編著) (2019).『目指せ！英語のユニバーサル・デザイン授業』東京：学研プラス.
村野井仁 (編) (2018).『小学校英語教育の基礎知識』東京：大修館書店.

文部科学省 (2015).『Hi, friends 1』東京：東京書籍.
文部科学省 (2015).『Hi, friends 2』東京：東京書籍.
文部科学省 (2017).「実習編クラスルームイングリッシュ」http:www.mext.co.jp/a_menukokusai/gaikokugo/_icsFiles/afieldfile/2017/07/07/1387503_3.pdf
文部科学省 (2017).『小学校外国語活動・外国語研修ガイドブック』http://www.mext.go.jp/a_menu/kokusai/gaikokugo/1387503.htm
文部科学省 (2017).「新学習指導要領対応小学校外国語教材 Sounds and Letters」
文部科学省 (2017).「中学年を対象とした絵本活用に関する基本的な考え方」「In the Autumn Forest」http:www.mext.go.jp/a_menu/kokusai/gaikokugo/_icsFiles/afieldfile2016/05/02/1370109_1_1.pdf
文部科学省 (2018).『小学校学習指導要領（平成29年告示）解説　外国語活動・外国語編』東京：開隆堂.
文部科学省 (2018).『新学習指導要領小学校外国語活動教材 Let's Try 1』東京：東京書籍.
文部科学省 (2018).『新学習指導要領小学校外国語活動教材 Let's Try 2』東京：東京書籍.
文部科学省 (2018).『新学習指導要領小学校外国語教材 We Can 1』東京：東京書籍.
文部科学省 (2018).『新学習指導要領小学校外国語教材 We Can 2』東京：東京書籍.
文部科学省 (2018).「新学習指導要領に対応した小学校外国語教育新教材について（平成30年9月26日初等中等教育局国際教育課外国語教育推進室）」http://www.mext.go.jp/b_menu/shingi/chousa/shotou/123/houkoku/1382162. htm「年間指導計画例」.
安井稔 (1955).『音声と綴字』（英文法シリーズ第2巻）東京：研究社.
吉田研作 (2018).『小学校新指導要領の展開　外国語編』東京：明治図書.
和田稔 (1997).『日本における英語教育の研究』東京：桐原書店.

あ と が き

2020年は小学校高学年・外国語科の全面実施元年です。平成29年3月の小学校学習指導要領改訂によって外国語科が小学校における教科目として位置づけられ、それと同時にこれまで高学年で実施されてきた「外国語活動」は、同じ授業時数を保ちながら中学年に移行されることになりました。

この改訂により、全国の大学の教員養成学部では「コア・カリキュラム」に対応したカリキュラムを構築することが求められました。最も大きな改革は、小学校教員を目指す学生全員に英語教育を学んでもらうことです。学生の現状や組織の脆弱性に見られる理想と現実の大きなギャップを認識しつつも、新たな学力観に対応した小学校教員を養成しなければなりません。私たちがまず第一に考えたのは、「小学校教員研修　外国語（英語）コア・カリキュラム」に対応したテキストの作成です。

本書は、大学の教員養成課程で小学校教員を目指して学ぶ学生を対象に開講される「小学校英語指導法」、「小学校英語」での利用に資することを目的に作成されました。また、小学校の先生方に小学校英語研修で利用していただくこともできるでしょう。小学校の職員室にいる先生方のうち3分の2の先生方に英語教育に参画していただく時代に、希望と意欲をもって小学校教育を志す大学生の皆さんに、小学校教諭への道しるべの一つとして本書を利用していただければ幸いです。

なお、本書の出版に際して香川大学教育学部学術基金（研究成果の刊行に対する援助（出版助成））より多大なるご支援を賜りました。ここに記して謝意を表します。

2020年（令和2年）3月

永 尾　智

執　筆　者　一　覧

（所属は2020年3月現在）

編著者：

Batten, Paul	香川大学教育学部准教授	（Units 7，8，11，12，25，26）
中住　幸治	香川大学教育学部准教授	（Units 5，6，9，13，14，15，16）
永尾　　智	香川大学教育学部教授	（Units 19，20，21，22，23）
齋藤　嘉則	東京学芸大学教職大学院教授	（Units 1，2，3，4，10，17，18，24）

コラム執筆者：

齋藤　嘉則	東京学芸大学教職大学院教授	（COLUMN 1）
大西　範英	香川県観音寺市立豊浜中学校教諭 （香川大学教職大学院修了生）	（COLUMN 2）
久保　孝彰	香川県坂出市立坂出中学校教諭 （香川大学教職大学院修了生）	（COLUMN 3）
伊瀬　吏沙	香川県観音寺市立大野原中学校教諭 （香川大学教職大学院修了生）	（COLUMN 4）
橋本　美穂	香川県丸亀市立飯野小学校教諭 （香川大学教職大学院修了生）	（COLUMN 5）
福本香緒里	香川県三豊市立三野津中学校教諭 （香川大学教職大学院修了生）	（COLUMN 6）

■編著者紹介

Batten, Paul（ポール・バテン）

英国エセックス大学大学院修了（応用言語学専修）。香川大学外国人教師、香川大学大学教育開発センター講師、香川大学教育学部講師を経て、現在、香川大学教育学部准教授。専門は英語科教育（伝達方略）。

中住　幸治（なかずみ　ゆきはる）

広島大学大学院教育学研究科博士課程後期文化教育開発専攻（英語文化教育学分野）修了。山口県立高等学校教諭、香川大学大学教育基盤センター講師を経て、現在、香川大学教育学部准教授。専門は英語科教育。

永尾　　智（ながお　さとし）

大阪大学大学院文学研究科博士課程後期英文学専攻（英語学専修）単位取得退学。香川大学教育学部助手、講師、助教授、准教授を経て、現在、香川大学教育学部教授。専門は英語学（特に、英語史）。

齋藤　嘉則（さいとう　よしのり）

宮城教育大学大学院修了（英語教育専修）。宮城県及び仙台市公立中学校、仙台市教育局学校教育部教育センター指導主事、教育指導課長、文部科学省初等中等教育局教科書調査官（外国語）、宮城教育大学教職大学院准教授、香川大学教職大学院教授を経て、現在、東京学芸大学教職大学院教授。

小学校英語教育概論　［定価　本体1,500円＋税］

2020年3月20日　初版第1刷発行

編　著　者　　ポール・バテン・中住　幸治・永尾　智・齋藤　嘉則

編集事務局　　香川大学教育学部英語教育講座 ポール・バテン研究室
〒760-8522　香川県高松市幸町1-1
☏（087）832-1589

発行・印刷　　株式会社　美 巧 社
〒760-0063　香川県高松市多賀町1-8-10
☏（087）833-5811

ISBN　978-4-86387-114-4 c1037　Printed in Japan